U0541035

中国基本养老保险
财政责任的分析与评估

曹清华 ◎ 著

中国社会科学出版社

图书在版编目（CIP）数据

中国基本养老保险财政责任的分析与评估/曹清华著.
—北京：中国社会科学出版社，2018.12
ISBN 978 – 7 – 5203 – 3824 – 0

Ⅰ.①中… Ⅱ.①曹… Ⅲ.①养老保险—财政政策—研究—中国 Ⅳ.①F842.67

中国版本图书馆 CIP 数据核字（2018）第 289176 号

出 版 人	赵剑英
责任编辑	喻 苗
责任校对	胡新芳
责任印制	王 超
出　　版	中国社会科学出版社
社　　址	北京鼓楼西大街甲 158 号
邮　　编	100720
网　　址	http://www.csspw.cn
发 行 部	010 – 84083685
门 市 部	010 – 84029450
经　　销	新华书店及其他书店
印　　刷	北京明恒达印务有限公司
装　　订	廊坊市广阳区广增装订厂
版　　次	2018 年 12 月第 1 版
印　　次	2018 年 12 月第 1 次印刷
开　　本	710×1000　1/16
印　　张	12
插　　页	2
字　　数	151 千字
定　　价	49.00 元

凡购买中国社会科学出版社图书，如有质量问题请与本社营销中心联系调换
电话：010 – 84083683
版权所有　侵权必究

序　言

　　历经多年的发展，基本养老保险制度已经成为我国社会保险制度中参保人和受益人范围最广、基金收支规模最大、对经济社会影响最为深刻的制度。20世纪50年代，国家政府为城镇劳动者及其家属提供了国家—单位保障型退休金制度，制度的运行主体是单位，国家政府及其财政是最后的埋单人。农民群体，除了其中的贫困者可以获得政府的养老救助外，绝大多数仍然要依靠传统的家庭养老模式。20世纪80年代，原有的国家—单位保障型退休金制度渐渐不能适应新的经济体制，于是开始了对新增劳动力试行现代基本养老保险的探索。从20世纪90年代开始，国务院发布了一系列相关政策法规，全面建立适应市场经济体制的新型基本养老保险制度。1997年正式建立的"城职保"在制度结构上是社会统筹加个人账户相结合的制度，养老保险费用由单位和职工共同负担，支付不足部分由政府财政兜底；2010年以来建立的"居民保"实行统账结合的制度模式和"个人缴费＋集体补助＋政府补贴"的筹资模式，政府财政责任体现在对缴费"进口补"、基础养老金全额支付的"出口补"以及对参保人员长寿风险资金的财政兜底责任三个方面。

　　基本养老保险制度运行多年以来，对广大养老金领取者的基本生活保障起了重要作用。但从制度运行的结果来看，出现的问题是比较多的，后果也比较严重。例如，在人口年龄结构尚年轻、缴费率高企、财政补助年年攀升的情况下，基本养老保险金的替代率却持续走低；作为一项重要的基本公共服务制度，基本养老保险制度的均等化功能薄弱，基本养老保险待遇的群体间、区域间不均等问题突出；基本养老保险待遇的给付对财政补助支出的依赖程度越来越大等。这些问题既源于基本养老保险制度自身设计的不完善，亦可部分归因于政府财政养老责任的不适度性。由于政府财政对基本养老保险基金实行缺多少补多少的"兜底补助"模式，基金失去了追求自我收支平衡的动力，在基本养老金替代率持续下降的同时，却不断增加对财政的依赖度，由此对政府财政的可持续构成重大隐患；因为财政养老责任配置不当，导致群体间、区域间基本养老保险待遇的不均等，造成社会不公。总之，财政养老责任是否科学合理，关乎基本养老保险制度改革，关乎政府财政的可持续，关乎经济发展与社会公平，关乎每一个退休者和劳动者的切身利益。在此背景下，对基本养老保险财政责任的发展与演变进行分析，研究和评估财政养老责任对基本养老金替代率、基本养老保险待遇均等化以及政府财政可持续性的影响，就显得非常有必要，而《中国基本养老保险财政责任的分析与评估》一书的出版无疑有着重要意义。

该书运用政府职能、公共产品以及政府财政平衡等理论探讨了政府财政支持基本养老保险制度的理论基础，对于典型国家的财政养老责任进行了大量的梳理和国际比较研究；该书透过复杂的表象，去粗取精，从中归纳出关于财政养老责任的内在规律以及若干启示。把握和了解这些规律以及启示，有助于正确审视和评价我国的基本养老保险制度及其财政责任改革，找到适合我国的有中国特色的改革道路。

该书将定性研究与定量分析相结合，采用了回归分析法、时间序列分析法、决策分析法、比较分析法等大量的实证分析方法，增强了分析的深度与说服力。该书紧扣现实需求，深入探讨了我国基本养老保险财政责任的发展演变及其对基本养老金替代率、基本养老保险待遇均等化以及政府财政可持续性的影响。在对于国外经验典型比较、博采众长，并对中国实践评估的基础上，得出的政策建议为相关部门决策提供了依据。总之，该书对于推动我国社会保障理论和财政理论研究，合理界定政府财政养老责任，实现我国基本养老保险制度和政府财政的可持续发展有着重要的借鉴意义。

王 乔

2018年8月于江西南昌

目 录

绪 论 ……………………………………………………………… (1)
  第一节　选题的缘起与意义 ……………………………………… (1)
    一　研究的缘起 ……………………………………………… (1)
    二　研究的意义 ……………………………………………… (5)
  第二节　文献综述 ………………………………………………… (6)
    一　基本养老保险的产品属性与政府责任研究 …………… (6)
    二　基本养老保障政府财政责任界定研究 ………………… (9)
    三　基本养老保险政府财政责任的分析与评估 ………… (10)
    四　基本养老保险政府财政责任的矫正研究 …………… (14)
  第三节　本书研究框架及方法 ………………………………… (19)
    一　研究框架 ……………………………………………… (19)
    二　实现研究计划的方法 ………………………………… (21)
  第四节　本书的创新之处 ……………………………………… (21)

第一章　基本养老保险政府财政责任的定性分析及评价 …… (23)
  第一节　基本养老保险中的财政责任分析 …………………… (23)
    一　基本养老保险财政责任的界定 ……………………… (24)
    二　政府承担基本养老保险财政责任的相关理论 ……… (25)
    三　基本养老保险中的政府财政责任模式分析 ………… (31)

第二节　传统的退休金制度及其财政责任 …………………（32）
第三节　基本养老保险制度及其财政责任的确立 …………（34）
　　一　城镇职工基本养老保险制度及其财政责任的
　　　　确立 ………………………………………………（35）
　　二　城乡居民基本养老保险制度及其财政责任的
　　　　确立 ………………………………………………（37）
第四节　基本养老保险财政责任的定性分析与评价 ………（40）
　　一　企业职工养老保险制度财政责任的政策
　　　　分析与评价 ………………………………………（40）
　　二　机关事业单位养老保险制度财政责任的
　　　　政策分析与评价 …………………………………（43）
　　三　城乡居民养老保险制度财政责任的政策
　　　　分析与评价 ………………………………………（45）

第二章　政府财政责任与基本养老金替代率的关系分析与评估 ……………………………………………（49）

第一节　基本养老金目标替代率的合理性分析 ……………（51）
　　一　基本养老金替代率的概念及分析 ……………（51）
　　二　基本养老金目标替代率的合理性分析 ………（56）
第二节　基本养老金实际替代率与财政补助的关系 ………（62）
　　一　"城职保"实际替代率变化及其分析 …………（63）
　　二　"居民保"实际替代率变化及其分析 …………（68）
第三节　财政补助模式与基本养老金实际替代率 …………（72）
　　一　基本养老保险制度财务状况及其分析 ………（73）
　　二　财政补助模式与实际替代率的关系 …………（76）
第四节　小结与政策含义 ……………………………………（81）

第三章　财政责任与基本养老保险均等化的关系研究与评估 …………………………………………（84）

第一节　基本养老保险待遇的均等化现状 …………（85）
一　区域间基本养老保险均等化现状 ……………（85）
二　群体间基本养老保险均等化现状 ……………（89）
三　基本养老保险均等化的影响因素分析 ………（90）

第二节　财政责任对基本养老保险均等化的影响 …（96）
一　财政责任对区域间基本养老保险均等化的影响 ……（96）
二　财政责任对群体间基本养老保险均等化的影响分析 …………………………………………（102）

第三节　小结与政策含义 ……………………………（107）
一　关于基本养老保险区域均等化的财政补贴政策 ……（107）
二　关于基本养老保险群体间均等化的财政补贴政策 …………………………………………（110）

第四章　基本养老保险政府责任与财政可持续性的关系分析 ……………………………………（112）

第一节　基本养老保险财政负担状况分析 …………（113）
一　基本养老保险基金的收支缺口现状 …………（113）
二　政府财政补助基金支出状况及分析 …………（115）

第二节　基本养老保险基金未来收支缺口的预测分析 ……（118）
一　"城职保"基金收支的短期预测 ………………（119）
二　"城职保"基金收支的中长期预测 ……………（121）

第三节　未来政府财政增长预测分析 ………………（124）

第四节　兜底责任模式下财政可持续性的实证分析 ………（126）
一　短期内"城职保"基金财政补助需要预测 ……（126）
二　中长期内"城职保"基金财政补助需要预测 ………（128）

三 "城职保"基金财政补助支出的可持续性分析 …… （130）

第五节 小结和政策含义……………………………… （132）

第五章 智利、美国和瑞典养老保险制度财政
责任的变迁与启示……………………………… （134）

第一节 智利养老保险制度财政责任的变迁及特点……… （135）

一 智利养老保险制度的变迁…………………… （135）

二 智利基本养老保险制度政府财政责任特点………… （137）

第二节 美国养老保险制度财政责任的变迁及特点……… （139）

一 美国养老保险制度的变迁…………………… （139）

二 美国基本养老保险制度政府财政责任特点………… （141）

第三节 瑞典养老保险制度财政责任的变迁及特点……… （143）

一 瑞典养老保险制度的变迁…………………… （143）

二 瑞典基本养老保险制度政府财政责任特点………… （145）

第四节 小结和启示…………………………………… （148）

第六章 政策建议…………………………………………… （155）

第一节 加快建设多支柱养老金体系,树立"共同
责任"理念……………………………………… （155）

第二节 实行"名义账户"制,化解政府转制成本风险…… （158）

第三节 改革政府财政兜底模式,促进财政补贴的
制度化…………………………………………… （160）

第四节 改革"央地"财政责任关系,促进财政补助的
均等化…………………………………………… （163）

参考文献………………………………………………… （165）

后　记…………………………………………………… （179）

绪　论

第一节　选题的缘起与意义

一　研究的缘起

生、老、病、死，是自然界亘古不变的定律。自几十万年前人类社会诞生起，如何实现"老有所养"便成为人类最为关心的问题之一。由于营养和医疗水平的限制，加上战争和灾害的频发，古代人们的平均寿命很短，所以历史上有"人生七十古来稀"的说法。另外，古代社会人类的生育率很高，从而能够生育出比现代社会更多的孩子和劳动力。因此，在漫长的原始经济和农业社会时代，虽然生产力普遍低下，但人类的养老问题都在氏族部落或者家庭中得到了基本解决。

随着社会的发展尤其是工业化时代的到来，人们离开赖以生存的土地，来到城市加入雇佣劳动大军，成为没有生产资料的自由流动劳动力。因此，农耕时代基于土地保障的家庭养老保障功能开始弱化。为了维护社会稳定和保障劳动力的有效供给，德国俾斯麦政府于1889年颁布《老年、残障和遗属社会保险法》，该法案规定：对产业工人和普通官员一律实行老年和残疾社会保险；保险资金由国家、企业主和工人三方负担，其中企业主和工人各承担社会保险费的50%，国家提供一定补助；退休者的养老金收入，根据其在职时的工资收入等级而定；凡是年满71岁、缴纳保费满30年的有权享受退休养老金待遇。这部法律是世界上第一部关于基本养老保险（亦称社会养老保险）的法规，自此以后工业化国家相继跟进颁布相应的法规，由此形成了现代意义上的基本养老保险制度。基本养老保险制度是工业化大生产的产物，同时也保证和推动了工业化大生产的持续不断进行。1940年世界上只有33个国家（或地区）建立了基本养老保险制度，到20世纪末建立这一制度的国家（或地区）则达到了167个。

第二次世界大战后，现代基本养老保险制度发展经历了一个辉煌时期，制度保障水平的增长速度明显高于经济增长的速度。到了70年代，西方经济国家普遍陷入"滞胀"，经济不景气，政府在基本养老保险制度中艰难实现对居民的福利承诺；另外，世界各国于70年代开始相继进入人口老龄化社会，全球人口寿命延长与出生率下降的同时出现导致社会养老负担日益沉重，国家财政难以承受日益膨胀的公共养老金支出，一些国家因此陷入严重的养老保障财务危机的情况，这使得如何应对人口老龄化及其下的养老保障问题成为世界各国政府及相关研究机构的重要议题。

因福利支付危机的压力以及新自由主义思想的影响，英国、智利等国家开启了对基本养老保险制度的私有化改革，将公共性质的现收现付财务模式改革为私有性质的积累、半积累财务模式，建立强制性个人账户：英国政府主要通过税收优惠政策鼓励民众从政府举办的基本养老保险制度中退出，进入私人部门养老金计划；智利直接把现收现付的基本养老保险制度改革为基金积累模式的强制个人储蓄制度；阿根廷于1994年开始实施由私营养老基金管理公司管理的个人账户养老金计划。但之后英国养老金改革的反复、智利老年人群基本养老金收入的两极分化以及2009年阿根廷选择重新回归现收现付制度等事件，都表明养老金的私有化改革，并非解决人口老龄化下养老保障问题的有效途径，并不必然带来政府责任的减轻。

世界银行长期关注全球人口老龄化问题，并基于英国等国的养老金改革实践，提出了养老金问题的解决方案：1994年，世界银行建议各国降低基本养老保险制度的权重，除了已有的强制性公共支柱（基本养老保险制度）外，再建立强制性私营支柱和自愿性个人储蓄制度，构建三支柱养老保险体系；[①] 2005年，世界银行又提出"五支柱"养老保障体系模式，即在前面"三支柱"基础上增加了零支柱的非缴费型养老金计划与第四支柱的非正规的家庭成员互助计划。[②] 在世界银行的影响下，诸多国家采纳多支柱模式思想来改革本国的养老体系。世界银行的"五支柱"模式改变了原先的民众养老由单一公共养老金计划来保障的局促局面，使"多支柱"养老模式成为主流，有利于培育个人、市场、家庭等多元主体的养老保障责任，从而减轻政府公共财政负担。但近年发达国家和发展中国家日趋上升的老年贫困发生率表明，"多支柱"模式亦不能从根本上缓解政府的财政压力，提高劳动生产力才是解决"生之者寡，食之者众"情况下养老问题的根本途径；不过相关国家的改革实践也表明，在工业化、市场化的条件下，公共养老金计划仍需发挥主要的保障作用，仍需注重保障基本生存条件下的社会公平。[③]

计划经济年代，我国对企业职工和机关事业单位人员实行财政全额资助的公共养老保险制度，与此同时没有为农村居民提供任何形式的养老保险，只有少量的针对"三无"老人的"五保"

---

① 世界银行：《防止老龄危机》，中国财政经济出版社1996年版，第10页。
② ［澳］罗伯特·霍尔茨曼、理查德·欣茨：《21世纪的老年收入保障——养老金制度改革国际比较》，郑秉文、黄念译，中国劳动社会保障出版社2006年版，第5页。
③ 李珍：《基本养老保险制度的分析与评估——基于养老金水平的视角》，人民出版社2013年版，第235页。

救助。中共十一届三中全会后，为配合推进国企改革，政府开始改革原有制度，为城镇企业职工建立企业、个人、政府三方负担的基本养老保险制度。21世纪以来，政府陆续为城乡居民构建个人缴费与政府补贴相结合的城乡居民基本养老保险制度。2016年，机关、事业单位人员被全部纳入城镇职工基本养老保险制度。这一系列的改革措施，提高了我国基本养老保险制度的效率与公平，一定程度上缓解了政府公共财政的养老负担。但随着制度覆盖面的不断扩展与人口老龄化的加剧，我国基本养老保险基金的收支情况在恶化，财政补助金额及其占GDP与财政收入的比例不断攀升，与此同时基本养老金替代率却在下降。如此情况下对基金承担兜底责任的政府财政，将面临不可承受的补助重担，财政的可持续性遭遇严峻挑战。

在我国不断加大对基本养老保险基金财政补助的同时，国际上福利国家的变革趋势却是逐渐削减财政的养老保险责任。那么，一个国家基本养老保险的保障力度应该多高？其中有多少来自缴费，又有多少应该来自于政府财政补助？一国政府应该将多少财政资金用于补助基本养老金支出？政府如何补助基本养老金，才有利于基本养老保险制度的良性运行、基本养老保险资源分配的均等化、政府财政本身的可持续发展以及国民经济的发展？总之，我国的基本养老保险制度中政府财政责任的适度性[①]及其影响如何以及如何调整，这些都是当前我国基本养老保险领域急需回答的问题。

---

① 基本养老保险财政责任的适度性，在此指的是政府财政对基本养老保险基金的补助支出与政府财政收入能力及各方面的承受力相适应，既能支持基本养老保险制度的可持续发展、促进基金自我平衡，又能保证政府财政自身的可持续性。

二 研究的意义

（一）理论价值

本书通过综合运用管理学、经济学、政治学、人口学和社会学理论扩展研究空间，以公共产品理论为理论基础，以定性定量结合为分析框架，主要采用正向定性分析与反向定量论证，即首先正向定性分析基本养老保险制度中政府应有的财政责任，其次反向定量论证现有制度对社会公平和财政可持续的不利影响，以分析和评估中国基本养老保险的财政责任问题，并提出相应的制度矫正建议。本书可以弥补对基本养老保险制度财政责任研究的不足，丰富现有的研究成果，为完善我国基本养老保险制度并改善其制度功能提供理论依据和实践素材；亦有助于重新认识基本养老保险制度对于经济社会发展的效应。

（二）实践意义

本书选题是我国基本养老保障事业发展中急需研究的重大理论课题，也是基本养老保险制度工作中遇到的现实问题。随着人口结构的不断老化，我国老年人的养老问题日益突出，然而当前我国基本养老保险的制度安排显然难以有效应对老龄化的冲击，如此不但影响制度保障目标功能的实现，还会给对之承担兜底责任的政府财政带来重大冲击。本书的实践意义在于：第一，通过对基本养老保险政府财政责任的定性分析与评价，为实践中政府改革基本养老保险制度财政责任提供参照依据；第二，对我国现行基本养老保险制度中政府财政责任进行系统的分析与评估，有利于形成社会对基本养老保险政府财政责任的系统认知，也有利于引导公众对政府财政兜底支持基本养老金风险的应有警觉，还可以促进民众理性支持养老保障制度的系列改革。

第二节 文献综述

人口老龄化快速发展背景下,我国基本养老保险基金收支缺口问题日益严峻,政府的财政补助规模随之持续扩大,政府的财政风险亦随之不断加大。因此,评估和反思基本养老保险制度中的政府财政责任成为国内研究者关注的重点之一,主要体现在以下几方面:

一 基本养老保险的产品属性与政府责任研究

申曙光以中国社会保险的状况为背景,分析社会保险这种物品既有公共物品的性质也有私人物品的性质,只有由政府承担对这种物品的管理包括财政管理才能取得比较理想的效率。[1] 马雁军等指出,农村基本养老保障的纯公共产品特性是其本质属性,而它的准公共物品性质是在现有的财政约束条件下产生的。纯公共物品的性质决定了农村基本养老保障应由国家和集体为主体来提供,在现阶段则要明确政府的责任边界和责任特征,而且不同层级政府在不同时期和地域对其承担责任的侧重点和功能应有所区分并相机抉择。[2] 仇晓洁等认为,农村基本养老保险为准公共产品,政府应在准公共产品的供给中承担责任,改善财政支出效率。[3] 刘海英等界定政府介入农村社会养老保险制度的理论依据是,农村社会养老保险制度的准公共产品属性决定了其健康持续

---

[1] 申曙光:《论社会保险的公共品性与政府管理》,《学术研究》2001年第6期。
[2] 马雁军、孙亚忠:《农村社会基本养老保障的公共产品属性与政府责任》,《经济经纬》2007年第6期。
[3] 仇晓洁、温振华:《中国农村社会保障财政支出效率分析》,《经济问题》2012年第3期。

发展离不开政府财政的支持。① 吕立邦认为养老产品或服务具有明显的公共性，市场的作用发挥有限，政府供给养老因此而成为必然。② 研究表明，公共产品理论是学者们论述政府财政支持基本养老保险制度的最直接理论依据。

另外，研究者们亦从公共产品理论的视角，来论述政府如何改进其养老保障产品的供给。王成利等从发展公共产品的角度提出了政府在发展医养融合养老服务应扮演的角色和承担的责任。③ 狄晶基于公共产品相关理论，认为应该将政府责任、市场机制运作和社会力量参与等几个方面相结合，构建家庭、社会、机构养老相结合的综合型养老服务供给体系，改善养老服务供给的数量和质量。④ 许彩虹等则进行了基于公共产品理论的医养结合养老模式问题与对策的研究。⑤ 何美圆以公共产品供给理论为理论基础，分析民办养老机构的"准公共产品"性质，并结合新公共管理理论、新公共服务理论和博弈理论分析民办养老机构提供养老服务的特殊性，总结出我国民办养老机构在政府公共产品供给下产生的博弈困境、合法性困境和产权困境，并依据公共产品的供给模式，提出完善政府在公共产品供给中对民办养老机构的激励机制。⑥

---

① 刘海英、梅琳：《公共财政视角下农村社会养老保险制度变迁研究》，《社会保障研究》2015年第6期。

② 吕立邦：《公共经济学视角下的养老保障问题研究》，《四川行政学院学报》2018年第2期。

③ 王成利、王洪娜：《医养融合养老：供给途径、实践困境与政府责任——基于公共产品理论的视角》，《东岳论丛》2017年第10期。

④ 狄晶：《公共产品视角下的养老服务供给研究——以巴彦淖尔市为例》，硕士学位论文，内蒙古大学，2015年，第23—26页。

⑤ 许彩虹、杨金霞、王章泽：《基于公共产品理论的医养结合养老模式的问题与对策研究》，《卫生经济研究》2015年第11期。

⑥ 何美圆：《公共产品供给视域下我国民办养老机构的困境与路径选择》，硕士学位论文，电子科技大学，2012年，第54—57页。

基于基本养老保障的公共产品性质，公共财政理论成为研究政府履行其基本养老保障财政责任的另一支撑点，其中一个视角是从政府财政支出责任划分出发探讨其与基本养老保障的关系。Musgrave 的"财政三职能"的理论提出，公共财政具有承担资源配置（提供公共物品）、收入分配和经济稳定的支出责任。[①] 杨术认为，政府提供社会保障，正是政府公共财政资源配置职能和收入分配职能的体现。[②] 吴国玖从公共财政的职能出发，论述公共财政介入基本养老保险的原因、影响因素和效应。[③] 彭浩然等基于我国人口发展趋势，强调公共财政的养老责任。[④] Olson 通过分析公共物品受益范围与提供该物品的行政辖区之间的关系，得出财政均等化原则即公共物品的受益者与成本负担者一致。[⑤] 王刚等认为需要对现行财政转移支付制度进行改革，以推动城乡社会养老保险均等化。[⑥] 仇晓洁等分析，中国农村社会保障资源在各地区间的配置是否均等取决于农村社会保障支出的均等化程度，并站在公共财政的角度，提出财政支出政策应着重解决农村社会保障支出区域内的不均等问题，加大对中部地区农村社会保障的财政投入，尽快实现农村社会保障财政支出随着农民需要转移而转移。[⑦] 曹清华认为"城职保"财政支出存在区域、群体间的较

[①] Musgrave, Richard A., The Theory of Public Finance: A Study in Public Economy, *Journal of Political Economy*, Vol. 68, No. 2, 1959.

[②] 杨术:《公共财政框架下社会保障体系的构建》,《党政干部学刊》2007 年第 4 期。

[③] 吴国玖:《基于公共财政视角的社会养老保险收支模式研究》, 博士学位论文, 中国矿业大学, 2009 年, 第 87～94 页。

[④] 彭浩然、申曙光、宋世斌:《中国养老保险隐性债务问题研究——基于封闭与开放系统的测算》,《统计研究》2009 年第 3 期。

[⑤] Mancur Olson, J., "The Principle of 'Fiscal Equivalence': The Division of Responsibilities Among Different Levels of Government", *American Economic Review*, Vol. 59, No. 2, 1969.

[⑥] 王刚、张孟文:《我国城乡社会养老保险均等化改革中的财政转移支付问题》,《福州大学学报》（哲社版）2012 年第 3 期。

[⑦] 仇晓洁、李聪、温振华:《中国农村社会保障支出均等化水平实证研究——基于公共财政视角》,《江西财经大学学报》2013 年第 3 期。

大差异，需要进行调整以促进基本养老保险待遇的均等化。①

二 基本养老保障政府财政责任界定研究

对基本养老保障政府财政责任界定的研究：樊帆基于公共产品理论和市场失灵理论，指出中国基本养老保险制度中的政府财政责任是指为保障受益人权益、促进基本养老保险制度的稳定发展而各级财政应当承担的与其事权相对应的职责和义务，是中央政府和地方政府的共同责任。② 毕红霞认为，农村社会保障财政责任是指在公共财政框架下，政府为农村社会保障制度所进行的资金投入及其监督管理等。③ 还有诸多学者从划分政府在基本养老保险中承担的财政责任类型角度出发，对基本养老保险政府财政责任进行界定。④⑤⑥⑦ 研究表明，研究者主要通过分析基本养老保险的产品属性和公共财政性质与职能及两者之间关系，以及公共财政在基本养老保险制度中的作用，来界定基本养老保险政府财政责任的基本内涵。

对基本养老保险中政府财政责任定位的研究：政府对社会保障所承担的责任主要通过财政供款来体现，财政责任是政府公共

---

① 曹清华：《城镇职工基本养老保险政府财政责任的优化》，《河南大学学报》（哲社版）2018年第1期。
② 樊帆：《中国基本养老保险制度中的国家财政责任分析》，硕士学位论文，中国人民大学，2006年，第16页。
③ 毕红霞：《农村社会保障的财政支持研究》，博士学位论文，山东农业大学，2011年，第33页。
④ 刘志国、姜浩：《社会保障财政责任的界定》，《北方经贸》2006年第2期。
⑤ 刘金苹：《中央政府在新型农村社会养老保险制度中的财政责任分析》，硕士学位论文，吉林大学，2010年，第20—22页。
⑥ 汪东旭：《中央政府在新型农村社会养老保险中财政责任研究》，硕士学位论文，辽宁大学，2012年，第20—22页。
⑦ 朱元保：《社会保障政府财政责任研究》，硕士学位论文，江西财经大学，2013年，第25—28页。

职责的具体体现,又是公共资源取之于民、用之于民的具体体现。① 樊帆认为,在中国现行基本养老保险模式下,国家财政主要有两大责任:一是国家财政对基本养老保险基金支出方面的责任,主要包括填补养老保险基金缺口、缩小地区间养老保险水平与支付能力差异的责任等方面责任;二是政府对基本养老保险基金的监督与管理的责任,主要包括参与养老保险基金收支、储存与投资方面的监督与管理责任。② 在基本养老保险财政资金支出责任方面,邓大松等提出,合并后的城乡居民基本养老保险制度以个人缴费和政府补贴相结合,中央财政和地方财政的资金补贴对制度的合并和稳定运行将发挥重要作用,并有利于未来在财政支出结构方面与城镇职工基本养老保险制度相衔接。③

三 基本养老保险政府财政责任的分析与评估

在经济社会条件转变、养老保险制度发展失衡的背景下,中国基本养老保险制度政府财政责任存在模式差异、区域差异、群体差异和城乡差异的特点,这种差异对基本养老保险制度可持续发展提出挑战。中国可根据劳动者和居民的身份进行养老保险制度财政责任模式的改革,统一机关事业单位养老保险制度和城镇企业职工养老保险制度财政责任模式,以纵向和横向转移支持手段缩小养老保险制度财政责任地区差异,通过扩大农村养老保险财政支持规模以缩小养老保险制度城乡差异。通过实施构建多支柱养老保险体系、促进养老保险制度单位和个人责任的合理化、

---

① 郑功成:《中国社会保障改革与发展战略——理念、目标与行动方案》,人民出版社2008年版,第76页。
② 樊帆:《中国基本养老保险制度中的国家财政责任分析》,硕士学位论文,中国人民大学,2006年,第22—31页。
③ 邓大松、丁怡:《城乡养老保险一体化视域下的财政支出结构研究》,《改革与发展》2014年第3期。

促进养老保险费改税、促进养老保险制度政府财政责任制度化、改革政府官员晋升激励机制和完善弱势群体利益表达机制等具体措施，以实现养老保险制度的财政责任的适度差异。①

城镇企业职工基本养老保险财政责任的分析与评估。王利军认为，运用财政手段解决基本养老金缺口将涉及财政资金的使用，财政资金的使用必将对经济运行产生一定影响，并从理论和实证两个角度分析了基本养老金缺口财政承担对中国经济增长所产生的影响。②李珍指出，"统账"制度模式下政府财政从基本养老保险领域的退出，引起"空账运行"、企业与在职者缴费率过高、基本养老金的社会平均工资替代率持续下降等一系列问题。③许志涛指出，政府社会保障财政责任的缺失是基本养老保险调节收入分配效果不佳的制度性根源。④杨斌等以城镇职工基本养老保险财政补贴数据为依据，对基本养老保险制度政府财政责任进行研究，发现基本养老保险制度中存在政府财政供款责任隐性化、财政调整不稳定、财政分担责任不合理以及中央与地方政府财政责任差异较大等问题，并提出基本养老保险制度财政责任的非制度化是这些问题的深层次原因。⑤研究表明，城镇企业职工基本养老保险制度存在比较突出的政府财政责任问题，政府财政责任不当不但影响基本养老保险制度的可持续发展，亦影响了政府财政促进收入分配、资源配置与经济增长等职能的实现。

---

① 杨斌、丁建定：《中国养老保险制度政府财政责任：差异及改革》，《中央财经大学学报》2015年第2期。

② 王利军：《中国养老金缺口财政支付对经济增长的影响分析》，《辽宁大学学报》（哲社版）2008年第1期。

③ 李珍：《基本养老保险制度的分析与评估——基于养老金水平的视角》，人民出版社2015年版，第6—8页。

④ 许志涛：《不同所有制企业职工基本养老保险收入再分配效应》，《财经论丛》2014年第4期。

⑤ 杨斌、谢勇才：《从非制度化到制度化：基本养老保险制度财政责任改革的思考》，《西安财经学院学报》2015年第3期。

公职人员基本养老保险财政责任的分析与评估。在 2016 年被纳入城镇职工基本养老保险制度之前，机关事业单位人员一直处于财政全额资助的养老保障制度之中，养老保障待遇相较其他群体优厚。因此，对机关事业单位人员基本养老保险制度财政责任的研究，主要集中在两块：一是从政府财政责任角度，分析机关事业单位人员与其他群体基本养老保险待遇差距的产生原因以及影响后果。如周凤珍根据历年统计数据测算，各群体养老金年人均享受的财政资金额度呈现阶梯状差距，其中机关事业单位人均享受的财政资金额度最高，是企业部门的 7 倍左右、农村居民的几十倍，结果是拉大了社会收入分配差距，有违社会公平。① 二是探讨机关事业单位人员基本养老保险改革，对政府财政责任的影响。卢驰文认为随着经济社会的发展，机关事业单位养老保险制度要逐渐与企业基本养老保险制度并轨。在并轨过程中，部分隐性债务显性化会对地区财政乃至全国财政产生不同的压力。② 刘兰堃认为，老龄化背景下机关事业单位养老保险制度改革面临的一大挑战，即是制度的并轨会加剧政府的财政负担。③

城乡居民基本养老保险财政责任的分析与评估。陈博伦从公共产品理论、公平与正义理论、马斯洛需求层次理论三个方面阐述了公共财政支持"居民保"制度的必要性。④ 薛惠元对新型农村养老保险财政保障能力的可持续性进行了评估。⑤ 杨翠迎等的研

---

① 周凤珍：《不同群体社会养老保险财政待遇差距的测算与分析》，《经济体制改革》2016 年第 1 期。

② 卢驰文：《机关事业单位养老保险制度转轨的财政压力分析》，《理论探索》2008 年第 1 期。

③ 刘兰堃：《机关事业单位工作人员养老保险制度并轨改革研究》，硕士学位论文，陕西师范大学，2016 年，第 25 页。

④ 陈博伦：《公共财政支持城乡居民基本养老保险制度研究》，博士学位论文，吉首大学，2017 年，第 22—26 页。

⑤ 薛惠元：《我国新型农民养老保险财政保障能力可持续评估——基于支出仿真学的视角》，《软科学》2012 年第 5 期。

究结果表明，在现行新农保支出及其缴费水平下，财政补助支出在养老金总支出中的比重相对较高，财政责任程度相对较大。①邓大松等指出，目前财政支持城乡居民基本养老保险存在地方政府财政责任不明晰、地区间财力差距过大导致地方政府对城乡居民基本养老保险投入不均等问题。郭婷从地方财政负担和城乡居民基本生存需求两方面，对城乡居民养老保险中的中央财政补贴政策进行了探讨，结论是该政策具有一定的不公平性，没有完全促进城乡居民养老保险的横向均等化。②杨斌基于2013年国家统计数据，分别计算不同省区城乡居民养老保险政府财政责任和财政负担的极差、极值比、标准差和变异系数，反映城乡居民养老保险政府财政责任、人均政府财政责任以及政府财政负担的地区差异。③另外，杨斌等还从经济增长的视角，对城乡居民养老保险的地方财政责任进行专门评估。认为区域经济增长与养老保险财政支出的均衡，是未来我国城乡居民养老保险制度改革的重要方向。④刘海英基于公平和效率的双重价值目标，评估城乡居民基本养老保险中的财政激励机制效应。⑤林芬指出，"居民保"是以财政补贴为主要筹资来源的老年收入保障制度。财政补贴机制体现了政府职能，适应了低收入群体的低缴费能力现状，也是与旧农保的重要区别，是维持此项制度运转的关键。⑥研究表明，

---

① 杨翠迎、郭光芝、冯广刚：《新型农村社会养老保险的财政责任及其可持续性研究——基于养老金支出的视角》，《社会保障研究》2013年第1期。

② 郭婷：《城乡居民基本养老保险中央财政补贴政策探讨——基于公平视角》，《财政监督》2016年第14期。

③ 杨斌：《城乡居民养老保险政府财政责任和负担的地区差异》，《西部论坛》2016年第1期。

④ 杨斌、丁建定：《经济增长视角下城乡居民基本养老保险地方财政责任评估》，《江西财经大学学报》2016年第3期。

⑤ 刘海英：《城乡居民基本医疗保险的财政激励机制研究——基于效率和公平双重价值目标的考量》，《兰州学刊》2016年第2期。

⑥ 林芬：《城乡居民基本养老保险财政补贴机制探究》，《劳动保障世界》2018年第15期。

学者们普遍认同政府财政支持对城乡居民基本养老保险制度可持续发展的重要意义。

四 基本养老保险政府财政责任的矫正研究

楚廷勇等认为，政府对基本养老金的支付有着毋庸置疑的责任，但政府对基本养老金的支付应该承担有限责任，促进基本养老保险制度的可持续发展和培养基金本身的平衡机制才是其工作重心。[①] 郭一杰遵循"理论基础—影响因素—现实制度设计—规制方法"的思路，对我国城乡基本养老金支出中的政府财政责任及其完善问题进行了研究。[②] 丁建定等认为，新型农村养老保险存在的国家财政责任问题，应通过建立财政调整机制、改革财政激励机制、优化财政分担机制、完善财政监管机制等加以不断完善。[③] 杨斌等认为，中国基本养老保险制度政府财政责任改革关系到基本养老保险制度的可持续发展，改革基本养老保险制度政府财政责任必须植根于当前我国的经济社会条件与制度条件。[④] 林治芬依据相关理论指导和国际经验，对我国中央与地方政府养老保险财政责任划分和财力匹配给出了总体设计。[⑤] 毛景认为划分养老保险补贴央地之间财政责任应分为两步——首先界定历史债务的央地之间财政责任；其次确定新的养老保险体系下央地之间财政责任。[⑥] 白彦锋等认为，实施个税递延型养老保险，可从

[①] 楚廷勇、刘儒婷：《政府对养老金支付的责任研究》，《东北财经大学学报》2012年第3期。

[②] 郭一杰：《我国基本养老保险金支出中财政责任分析》，《2012—2013年度权亚劳动法奖学金获奖论文》，第1页。

[③] 丁建定、张登利：《新型农村社会养老保险国家财政责任的优化》，《江汉论坛》2014年第6期。

[④] 杨斌、丁建定：《"五维"框架下中国养老保险制度政府财政责任机制改革的环境分析》，《社会保障研究》2015年第1期。

[⑤] 林治芬：《中央和地方养老保险事责划分与财力匹配研究》，《当代财经》2015年第10期。

[⑥] 毛景：《养老保险补贴的央地财政责任划分》，《当代经济管理》2017年第3期。

增加税收收入、降低补贴支出方面为政府提供一定程度上的福利补偿。① 刘海宁提出改善财政补贴以产生契合基本养老金收益公平期望的结果。② 研究表明,学者们从不同角度对我国基本养老保险制度财政责任进行了研究,所提出的矫正方案亦是针对解决政府财政责任某一方面的问题。

与此同时,国外有关基本养老保险制度政府财政责任的研究主要集中在以下方面:

1889年德国《老年和残障社会保险法》的颁布,标志着政府开始承担起对老年人的养老保障责任,随着全球人口结构的老龄化以及基本养老金不足问题的加深,当前国外有关基本养老保险政府财政责任的研究主要集中在以下几点:

(一) 基本养老保险政府财政责任的必要性

(1) 从权利公平视角,基于"人人均享社会最低保护"目标,研究者一致认可基本养老保险制度政府财政责任的必要性以及财政资源分配的公平性。(2) 学者们还从收入分配、公共物品、公共服务以及政府宏观调控等角度,并运用相关理论探讨了政府及其财政的社会保障责任。③④⑤⑥ 凯恩斯主义者认为社会保障财政收支和经济运行过程存在某种函数关系,主张重视政府社会

---

① 白彦锋、董雨浦:《个税递延型养老保险的福利效应》,《河南大学学报》(哲社版) 2017年第3期。

② 刘海宁:《契合收益公平期望的城乡居民基本养老保险财政补贴研究——以辽宁省沈阳市方案为例》,《辽宁大学学报》(哲社版) 2018年第1期。

③ [美]詹姆斯·托宾:《通向繁荣的政策——凯恩斯主义论文集》,何宝玉译,经济科学出版社1997年版,第35—36页。

④ [美]约翰·罗尔斯:《正义论》,何怀宏等译,中国社会科学出版社2001年版,第278页。

⑤ Barr, Nicholas Adrian, *The Economics of The Welfare State*, CA: Stanford University Press, 1993.

⑥ [美]哈维·S.罗森:《财政学》,平新乔等译,中国人民大学出版社2000年版,第129—140页。

保障财政支出的经济效应；与此相对的是，新自由主义从经济增长出发，主张大幅降低政府在社会保障领域的干预力度，削减政府财政社会保障开支。

（二）养老金制度政府责任的改革及其评析

随着全球人口老龄化的不断推进以及基本养老金支付问题的日益突出，改革成为各国基本养老保险制度可持续的必由途径。但针对基本养老保险制度如何改革，形成了针锋相对的两派，一是主张引入个人账户的向积累制改革的激进派，以马丁·费尔德斯坦（Martin Feldstein）为首；二是主张现收现付的反对私有化改革的反对派，以尼古拉斯·巴尔（Nicholas Barr）为首。Feldstein M. 是养老保险私有化和积累制养老保险的积极倡导者，他对美国现收现付制养老保险的储蓄影响进行估计，结论是美国的养老保险制度大约减少了50%的个人储蓄，认为引入强制储蓄的养老保险能够提高国民储蓄从而有利于经济发展。[1] Barr N. 则罗列了十个问题，对激进派所言的养老金私有化改革的益处一一进行了驳斥。[2] 世界银行支持养老金的私有化改革，认为基本养老金的支付危机构成了对政府财政的巨大威胁，构建养老金的多支柱体系有利于缓解政府财政压力，促进经济发展。[3] 世界银行还提出四个标准借以判断各国养老保险体系改革设计的优劣，并运用此标准体系对全球各地区的相关改革进行了初步评价。[4] 国际劳工局等其他国际性组织站在了世界银行的对立面，

---

[1] Feldstein M., *Privatizing Social Security*, University of Chicago Press, 1998.

[2] Barr, Nicholas, Reforming Pensions: Myths, Truths, and Policy Choices, IMF/WP/00/139, 2000.

[3] World Bank, *Averting the Old - Age Crisis: Policies to Protect the Old and Promote Growth*, New York: Oxford University Press, 1994.

[4] Holzmann, R., Hinz, R., Old Age Income Support in the 21st century: An International Perspective on Pension Systems and Reform, Washington, DC: World Bank. © World Bank, 2005, https://openknowledge.worldbank.org/handle/10986/7336 License: CC BY 3.0 IGO.

推崇待遇确定型的现收现付养老金制度。① 可以看出，世界银行和国际劳工组织对于基本养老保险制度的改革思路存在一定的分歧，前者重视改革对经济发展的影响，后者注重政府责任和改革的社会目标。

20世纪80年代以来，由于世界各国的财政资金并不宽裕，主流的观念又是"小政府"，因此众多国家选择了世界银行的养老金私有化改革方案，尤其以智利的养老金改革的私有化最为彻底。但是，随着时间的推移，原先进行了养老金制度私有化改革的国家其养老金制度开始暴露出一系列问题，导致对养老金私有化改革及其相关的政府财政责任的系列研究和反思。②③④⑤⑥⑦⑧ 研究表明，多数国际学者认为养老金私有化改革在发挥市场机制作用、激活劳动者的活力与应对老龄化方面有一定作用。但私有化改革的代价也很沉重，政府在社会养老保险领域的财政责任并没有得到根本改善。

中国在养老金制度可持续发展指数、退休收入充足指数方面

---

① 国际劳工局：《全球养老保障——改革与发展》，杨燕绥等译，中国劳动社会保障出版社2002年版，第428页。

② Orsg, Peter R., Stiglitz, Joseph E., Rethinking Pension Reform: Ten Myths about Social Security System, 1999, www.world-bank.org/pensions.

③ Agar Brugiavini, Franco Peracchi, Fiscal Implications of Pension Reforms in Italy, CEIS Tor Vergata RESEARCH PAPER SERIES Working Paper No. 67, January 2005, http://papers.ssrn.com/abstract=695225.

④ Modigliani, Franco, Muralidhar, Arun S, *Rethinking Pension Reform*, Cambridge University Press, 2005.

⑤ A. Zaidi, Population Aging and Financial and Social Sustainability Challenges of Pension Systems in Europe: A Cross-national Perspective, 2010, http://www.euro.centre.org/data/1314615416_96050.pdf.

⑥ Philippe D. Karam, Dirk Muir, Joana Pereira, Anita Tuladhar, Macroeconomic Effects of Public Pension Reforms, 2010, www.imf.org.

⑦ Aaron George Grec, Assessing the Sustainability of Pension Reforms in Europe, 2010, http://socialwelfare.bl.uk/subject-areas/services-activity/poverty-benefits/case/assessing10.aspx.

⑧ Holzmann, R., "Global Pension Systems and Their Reform: Worldwide Drivers, Trends, and Challenges", *International Social Security Review*, Vol. 66, No. 2, 2013.

国际排名连续多年垫底,基本养老金缺口明显,因此中国养老金制度改革的需求比较紧迫,应加强养老金体系的多支柱体系建设以及向前端固定缴款模式靠拢以提升财务可持续性。[1] 为此,我国诸多研究者进行养老金制度改革的国际比较研究,以期为我国的改革提供有益启示。武琼指出,在不同的经济社会发展阶段英国政府在养老金制度中的责任是不同的,英国政府通过适时调整其养老责任取得了很好的经济效果。[2] 魏南枝等分析了"二战"后法国碎片化基本养老保险制度的形成背景,法国政府试图改革其碎片化制度所遭遇的多元化利益集团的反对及其财政困境。[3] 杨斌等探讨了美国养老保险制度财政责任的变化与特点及其对中国的启示。[4] 宫晓霞等指出,国外财政在支持农村社会养老保险制度可持续发展方面积累了丰富经验,并以此为借鉴,对中国财政如何支持农村社会养老保险制度发展提出了一些建议。[5] 马红鸽认为,政府财政责任在瑞典社会养老保险制度发展的三个阶段都发挥了重要性作用,并总结了瑞典养老保险制度财政责任发展演变对中国养老保险制度财政责任改革的几点启示。[6]

简要述评:(1)上述研究在理论基础和研究思路方面为本书提供了启发性帮助。(2)国际基本养老保险政府财政责任的实践与研究呈现加强和削减两种不同的发展趋势与政策主张,国内研究则倾向于主张加强政府的财政基本养老保障责任。(3)国内有

---

[1] 安联集团的国际养老金负责人米毕嘉(Brigitte Miksa)。
[2] 武琼:《从英国养老金制度演进看政府责任变迁》,《中国财政》2011年第1期。
[3] 魏南枝、何建宇:《制度碎片化与财政困境——法国养老保险制度改革及其对中国的启示》,《国家行政学院学报》2015年第2期。
[4] 杨斌、何俊民、陈婕:《美国养老保险制度政府财政责任:特征、成因及启示》,《郑州大学学报》(哲社版)2015年第9期。
[5] 宫晓霞、崔华泰、王洋:《财政支持南昌市医疗保险制度可持续发展:国外经验及其启示》,《经济社会体制比较》2015年第2期。
[6] 马红鸽:《瑞典养老保险制度政府财政责任的特点及其启示》,《重庆理工大学学报》(社会科学版)2016年第9期。

关基本养老保险制度政府财政责任问题的文献常常散见于一般的基本养老保险制度研究之中，缺乏一定的专门性与系统性，即对基本养老保险制度政府财政责任的政策评估研究较少，且缺乏系统评估。

第三节 本书研究框架及方法

一 研究框架

20世纪70年代以来的全球人口老龄化以及经济增长速度的放缓，各国政府普遍面临严峻的养老金财务危机，由此开始了形式多样、内容丰富的基本养老保险制度改革和政策调整。其中多国实施养老金制度的私有化改革，借以缓解政府的财政压力与提高养老金制度的可持续发展。21世纪以来，私有化改革问题频出，政府不但要承担巨额的制度转轨成本和养老金公司经营不善导致破产重组等带来的损失，还要处理基金积累制带来的制度覆盖率低、老年贫富差距持续扩大等问题，政府财政责任依旧十分沉重。未来养老保障制度向何处去，多支柱体系方案是必然选择，但由于各国国情的异同，各国养老保障制度多支柱体系的改革途径以及其中基本养老保险制度的改革模式，既有共同点也有差异。

目前，我国的人口经济背景和制度背景都有前所未有的复杂性和多样性，既身处发达国家普遍遭遇的人口老龄化困境，又呈现出发展中国家经济发展水平问题，进而导致我国的养老金制度改革成为全球最为艰巨的改革，从养老保障顶层制度设计到具体政策安排，都面临着理论模糊和现实挑战。[1] 因而，我国基本养

---

[1] 刘莉：《国际养老金制度改革的收敛趋势研究——基于发达国家的历史考察》，《浙江社会科学》2014年第10期。

老保险基金制度政府财政责任的改革，应该在厘清相关理论与实践的基础上，汲取他国既有经验以获得改革的共性和规律性，并结合中国独特国情，构建中国特色的基本养老保险制度的政府财政责任机制体系。

基于以上考虑，通过对既有国内外文献的研究梳理，本书的主要内容有：第一章，基本养老保险政府财政责任的定性分析及评价；第二章，政府财政责任与基本养老金替代率的关系分析与评估；第三章，财政责任与基本养老保险均等化的关系研究与评估；第四章，基本养老保险政府责任与财政可持续性的关系分析；第五章，智利、美国和瑞典养老保险制度财政责任的变迁与启示；第六章，政策建议。本书总体研究思路与框架如图1所示：

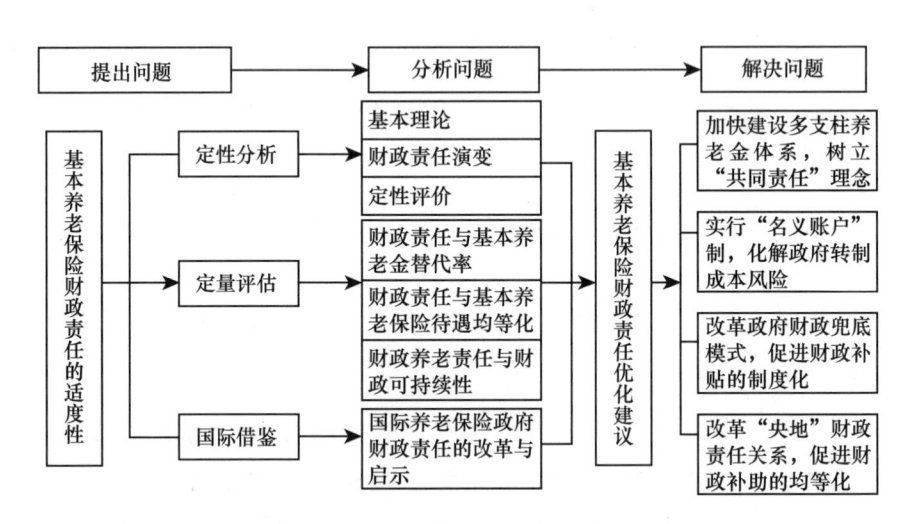

图1 本书总体研究思路与框架

通过以上研究，拟达到的目标如下：第一，评估基本养老保险制度中的政府财政责任对政府财政可持续性以及该制度目标功能的影响。基本养老保险制度的基本功能包括为老年人提供合理的基本收入保障、促进群体间基本养老保障待遇的均等化以及经济社会的长期稳定发展，本项目拟选用基本养老金替代率、基本养老保障均等化与政府财政的适度性可持续性三个指标，对我国基本养老保险政府财政责任状况进行分析与评估。第二，提出优化我国基本养老保险制度政府财政责任的政策建议。在前面定性分析与定量分析的基础上，结合我国经济社会发展趋势并总结国际社会相关经验教训，构建适合中国国情又符合全球化视野和发展趋势的基本养老保险政府财政责任模式以及政策选择。

二 实现研究计划的方法

为实现研究目标，拟采取的研究方法及技术路线如下：

（一）定量研究与定性研究相结合的方法

从科学可取的角度对变量进行筛选，运用统计软件工具对文献数据进行聚类分析、相关分析和回归分析，以测定基本养老保险制度中财政责任变量对基本养老金替代率、基本养老保障均等化目标及政府财政可持续性的影响；在基本养老保险制度中政府财政责任分析、政策优化设计等方面主要采取定性分析方法。

（二）比较分析研究法

从中国的具体国情出发，对国外文献数据进行比较分析研究，从世界范围内探寻基本养老保险制度政府财政责任的合理定位和一般演变规律，为优化基本养老保险制度财政责任提供借鉴。

第四节 本书的创新之处

（1）本书首次将基本养老保险制度的政府财政责任纳入完整的制度目标体系进行分析与评估，同时为政府财政养老保障责任优化的政策实践提供一套完整的理论分析框架和路径方法。

（2）有机整合定量数据与定性数据，先定性研究再定量分析，可更好地把握定量研究发现的特点的潜在机制，从而为提出基本养老保险制度财政责任优化的政策建议提供科学的参考依据。

第一章

基本养老保险政府财政责任的定性分析及评价

1889年德国俾斯麦政府颁布《老年、残障和遗属保险法》，建立起世界上第一个全国范围内的缴费型老年保险计划，即基本养老险制度（社会养老保险制度）。之后，工业化国家纷纷跟进建立起基本养老保险制度。1951年，我国政务院颁布《劳动保险条例》，标志着新中国开始建立基本养老保险制度。运行半个多世纪以来，我国基本养老保险制度历经多次改革与政策调整，其中的政府财政责任亦经历几番变迁。基于人口老龄化和基本养老金收支缺口不断发展的趋势，目前社会各界对我国基本养老保险中政府财政的适度性与可持续性深度关注。本章首先分析基本养老保险政府财政责任的理论基础，并着重对我国基本养老保险政府财政责任的演进和发展进行全面的定性分析，后续各章则是进行定量评估。

第一节 基本养老保险中的财政责任分析

根据政府是否直接参与，可把现代养老保险制度分为基本养老保险制度、补充养老保险制度以及个人储蓄养老保险制度。其中的基本养老保险制度，又称社会养老保险制度或公共年金制度，是指政府通过立法，以工薪税或一般财政收入作为资金来源，按照现收现付或现收现付基础上的半积累制方式筹集，并实行公共管理的养老保险制度；补充养老保险制度亦称职业年金制度或私人养老金制度，是以雇主为责任主体而建立；个人储蓄养老保险制度，是一种强制或自愿性质的个人储蓄养老制度，责任主体为个人。基本养老保险制度、补充养老保险制度以及个人储蓄养老保险制度三者构成现代养老保险制度的三支柱体系，其中基本养老保险制度因其普适性与基础性成为三支柱体系的核心，本书研究的对象即基本养老保险制度的政府财政责任问题。

一　基本养老保险财政责任的界定

依据政府对社会保障制度承担责任具体内容的不同，可把政府在社会保障中的责任分为制度设计与规范责任、财政责任、监管责任和实施责任，其中财政责任是政府在社会保障（包括基本养老保险制度）中的"第一"责任。那么"基本养老保险政府财政责任"的基本内涵是什么、从什么角度对其进行界定，关系到政府能否有效履行其在基本养老保险制度中的财政责任并最终有助于基本养老保险制度目标的实现。

如前文所述，研究者们主要通过分析基本养老保险的产品属性和公共财政性质与职能及两者之间关系，以及公共财政在基本养老保险制度中的作用，来界定基本养老保险政府财政责任的基本内涵。国内的这种界定更多的是强调政府在提供公共产品（基本养老保险）而履行自己的公共服务职能时候的财政责任，强调"权力财政"，重点关注政府如何更好地履行其财政职能以提供更多更好的公共产品与服务；国际上对政府财政责任的界定则主要围绕"财政预算平衡"原则展开,强调政府的"责任财政",即认为政府财政责任的首要职责是财政预算平衡的职责,政府财政责任的重点应该是防止因财政赤字的扩大而引发财政危机甚而经济危机。①

本书沿用国际社会对"政府财政责任"的界定,重点关注基本养老保险政府财政责任的适度性与可持续性,并探讨政府财政责任对基本养老金替代率及待遇水平均等化的影响。基本养老保险政府财政责任的内容,包括财政承担基本养老保险制度的行政运行成本、对基本养老保险基金的资金补助责任、对基金投资运行的监督管理责任等,目前我国政府财政对基本养老保险基金承担资金补助责任主要通过三种途径实现:一是政府财政直接列支;二是通过税制优惠;三是通过彩票收入、政府捐赠、土地征用等途径将资金用于补助基本养老保险基金等。② 本书主要探讨政府财政对基本养老保险基金的资金补助责任问题,因此本书对"基本养老保险政府财政补助责任"的界定如下:政府在坚持"财政预算平衡"和"财政风险可控"原则下,以适当模式和机制对基本养老保险基金进行资金补助,从而为受益人提供合理的基本养老保险金替代率、促进基本养老保险待遇的均等化以及经济社会的长期稳定发展。

二 政府承担基本养老保险财政责任的相关理论

政府职能理论是政府科学设置职能职责的前提,也是政府正确履行其职能职责的基础。政府主要通过财政手段来提供市场提供不了或不适于提供的需要,而公共产品理论及市场失灵理论是公共财政理论的基础,由于市场在提供(准)公共产品方面的失

---

① 马海涛、姜爱华:《政府公共服务提供与财政责任》,《财政研究》2010 年第 7 期。
② 孙光德、董克用:《社会保障概论》,中国人民大学出版社 2016 年版,第 96 页。

灵，为保证（准）公共产品的合意供给，需要政府的介入。因此本书依次对政府职能理论和公共产品理论进行分析，以提供政府理应在基本养老保险制度中承担财政责任的理论依据。财政年度平衡理论论述的是，政府在基本养老保险制度中承担财政责任的适度性问题。

（一）政府职能理论

不同的政府职能理论决定了政府在社会领域活动的范围以及介入的程度。自民族国家诞生以来，人们就开始了对政府职能的理论与实践探索。从理论的演变及其内容来看，主要涉及自由主义和国家干预主义的政府职能基本理论两大块。自由主义政府职能理论起源于欧洲古典自由主义，该理论认为，国家和政府的权力是契约人为保证自己以及他人的自由、生命和财产等不受侵犯而自愿让渡给政府的，所以国家和政府在运用这些权力时是有限的，因而主张"管得最少的政府是最好的政府"。然而古典自由主义政府职能理论指导下的西方社会经济一直危机不断，20世纪国家干预主义政府职能理论开始勃兴。

国家干预主义政府职能理论开始于16—17世纪的英国重商主义，重商主义最初提出借助政府的力量建立新型市场秩序和开辟世界市场的主张。19世纪德国大哲学家黑格尔充分阐述了政府职能的必要性，指出脱离政治国家的市民社会只能是一种无政府状态，因此政治国家对市民社会的干预必不可少。黑格尔的国家干预市民社会的理论构成国家干预主义政府职能理论的源泉，20世纪30年代的资本主义经济大危机则使国家干预主义政府职能理论成为西方国家政府职能理论的主流。国家干预主义政府职能理论认为，只有扩大政府的基本职能才能克服自由主义政府职能带来的种种问题。但是，"二战"后在国家干预主义政府职能理论指导下的西方社会却产生了"滞胀"问题，于是主张政府职能定位于维护市场秩序的新自由主义政府职能理论如"公共选择"理论产生。20世纪90年代以来,在"政府再造""无缝隙政府"等思潮影响下,民众要求政府推进公共物品和公共服务的民营化,建立理想的政府、市场与社区三足鼎立、共同治理的公民社会。可以看出,政府职能理论的演变是一个自由主义与国家干预主义交替演进并趋于融合的历史。

总的来说,市场机制不是满足人们需求的唯一机制(系统),保证人们社会经济正常运行和人们生活的机制(系统)还有政府机制和社会机制。市场经济条件下,政府职能职责的基本领域是在维护国家机器正常运转的前提下,满足市场机制和社会机制满足不了的需求,一方面要使市场对资源配置起基础性作用,另一方面主要对市场配置的"缺陷"和后果进行调节和弥补。财政是国家治理的基础和重要支柱,[①] 基于此,政府财政在市场经济中应具备三项职能,即促进资源配置、收入分配以及经济发展与稳定。其中资源配置职能,即在政府的介入和干预下,财政通过自身的收支活动为政府供给公共产品给予财力保障,引导资源有效和合理配置,解决市场失灵和公共产品供给不足或不平衡问题。

(二)公共产品理论

公共产品理论的历史演进与公共财政学的发展一直紧密联系在一起。最早可以追溯到古典学派,以大卫·休谟的"草地排水"和亚当·斯密的政府三项职能理论为代表;之后有德国社会学派、瑞典学派和凯恩斯主义学派的财政理论,这些理论多从政府财政职能、政府与市场边界的角度,提出公共产品理论与思想;到20世纪50年代,新古典综合派的萨缪尔森正式提出了现代公共产品理论,此后马斯格雷夫等经济学家对公共产品的供给

---

① 党的十八届三中全会对"财政"功能所做的定位。原因在于国家治理的主体是政府,而财政则是政府履行职能的基础所在。

及运行机制进行了系列研究；从20世纪80年代，开始了以"效率至上"为目标的新公共管理改革，公共产品理论的实践转向了管理与制度创新，试图通过创新来提高政府公共财政和公共产品供给的效率；近年来，欧美国家主权债务危机的不断发展，引起人们对社会福利制度的重新思考，重新审视政府财政风险问题以及在公共产品供给领域政府与市场的边界问题。

萨缪尔森（Paul A. Samuelson）完成了对纯粹的公共产品的经典定义，他指出公共产品具有非排他性和非竞争性的特征，每一个人对这种产品的消费并不减少任何他人也对这种产品的消费。后来桑得莫（A. Sandom）从消费技术角度研究了混合产品，提出了"准公共产品"概念，界定"准公共产品"即具有有限的非竞争性或有限的非排他性的公共产品，它介于纯公共产品和私人产品之间。准公共产品原则上应由政府机制和市场机制共同提供，政府可以通过多种组织形式，利用市场配置资源和私营部门的技术优势来有效地生产各种准公共产品，降低公共财政的支出规模，达到社会公平与经济效率的兼顾。

按产品受益范围的大小，公共产品还有空间的区分，可将其分为地方性公共产品、全国性公共产品以及国际性公共产品。全国性公共产品是指全国居民能从中均等受益的公共产品，基本养老保险是一种具有非排他性和有限的非竞争性公共产品，因此它是一种全国性准公共产品。按照全国性准公共产品理论，基本养老保险应该由政府机制和市场机制共同提供，绝大多数国家基本养老保险制度的设计与运行正好体现了这一点：政府负责基本养老保险制度的规划与设计、管理和监督；基本养老保险基金来源于企业缴费（税）、个人缴费（税）和政府财政补助（主要是中央财政补助）。由此可见，在基本养老保险的供给中，（中央）政府财政适度参与，是为了弥补市场机制在提供"基本养老保障"

这种全国性准公共产品的数量不足问题，且致力于为人们提供合理替代率水平的基本养老金。

政府财政的职能之一是再分配，运用财政手段来调节国民收入和社会财富，使之能够达到公平分配的状态。因此，政府提供（准）公共产品，应该基于均等化的分配目标，使民众能够均等享受公共资源。基本养老保险作为一种准公共产品，关乎每一位社会成员老年后的生存和生活，基本养老保险均等化是每一位社会成员公平享有基本养老保障资源的前提，政府则是基本养老保险均等化的供给基础与责任主体，不仅要在制度层面给予民众平等参与基本养老保险的机会，还应通过公共财政的支持与调节，从实践层面使民众逐步获得均等化的基本养老保险待遇。

(三) 财政平衡理论

财政平衡理论包括年度预算平衡理论、周期财政平衡理论和充分就业预算平衡理论。年度预算平衡理论认为，政府支出是非生产性的，政府赤字会产生通货膨胀，为有效控制政府支出增长，应该实行严格的预算平衡，保持年度预算基本平衡；周期财政平衡理论的核心思想是，根据经济周期波动，预算应该在一个经济周期内保持基本平衡，而不需要保持年度平衡。财政的反经济周期操作，不仅可以减少经济周期波动，还能实现经济周期内的预算平衡；充分就业预算平衡理论指出，政府财政的基本功能是稳定经济、实现充分就业和物价稳定，财政政策的运用应着眼于其对经济所产生的影响，年度平衡和周期平衡都不是最重要的。

长期以来，不同的经济学派围绕财政赤字和财政政策展开了激烈的理论探讨，各国政府也开展了不同理念下的财政政策实践。自由主义经济时期，经济学家反对政府干预经济，财政活动要量入为出，这一时期财政思想和实践把预算平衡作为国家制定预算方案的基本准则。20世纪30年代的全球性经济危机，催生出凯恩斯的赤字财政理论，打破了传统的年度预算平衡理论，大多数国家开始实行扩张性财政政策来调节经济。20世纪70年代出现了"经济滞胀"现象，诸多经济学派开始批判凯恩斯的充分就业预算平衡理论，寻求平衡财政、"小政府"和重视自由市场经济，但由于选举政治与政府支出刚性等因素的影响，实践中少有西方国家政府能做到紧缩其财政支出规模。

经济周期难以准确预测，因此要保持周期预算平衡非常困难；充分就业预算平衡理论不以财政年度收支平衡为目标，而以使国家经济增长潜力得到充分发挥来制定国家财政开支规模。多年实践表明，上述良好意愿导致了长期的扩张性财政政策，而扩张性财政政策指导下的长期预算安排和实际执行结果相比，经常存在低估政府财政支出规模高估政府财政收入增长的现象。近年来发酵的欧洲主权债务危机以及美国的"财政悬崖"现象，都是这些发达经济体多年无节制的财政扩张和通过赤字经济营造虚假繁荣的恶果，成为悬在世界经济头顶的"达摩克利斯之剑"。另外，欧美国家政府为讨好选民，盲目增加福利项目、提高福利水平，但这种高福利并没有建立在可持续的财政政策基础之上，财政福利支出超过了自身的可承受范围。高福利、低盈余的欧美经济无法通过公共财政盈余来支撑过度的举债消费，公共财政现金流陷入日益枯竭的恶性循环。然而与发生财政危机及经济危机的其他发达国家相比，德国一直把财政平衡作为政府追求的目标，不但成功避免了陷入债务危机，还一直比较好地保持了经济的稳定增长以及就业市场的稳定，成为发达经济体系中的一股清流。虽然受世界经济危机的拖累，其间德国也曾实行了一些财政刺激计划，但在其经济好转之后，随即进行政策调整，于2010年开始进行财政整固计划，重新强调严格遵守财政纪律的原则。

历史经验教训一再告诫我们，政府应该保持财政本身的预算平衡，使之收入和支出在年度内能基本达到匹配；政府财政对社会福利领域的支持是必要的，但应在坚守年度预算平衡原则的前提下进行支持。国家应在尊重和考虑个人基本权利、自由和主体性基础上，规范政府行为，促使政府在"有限政府"的框架内帮助个人解决其"老有所养"的问题，将政府财政从难以预测的"老年给付"中解放出来。

三 基本养老保险中的政府财政责任模式分析

基本养老保险中的政府财政责任模式，实际上反映的是政府财政与基本养老保险制度两者之间的关系，即政府财政以什么样的方式、在多大程度上介入基本养老保险制度。一个国家的基本养老保险金替代率应该有多高，政府应该投入多少财政用于支持基本养老保险基金，基本养老保险基金有多少应该来源于政府财政等，这些问题实际上就是如何选择基本养老保险中的政府财政责任模式的问题，其解答需要进行定性分析与实证研究。

按照政府在基本养老保险制度中承担的财政责任方式和介入程度的不同，可以把现有的基本养老保险政府财政责任模式分为四种，第一种是全额（差额）财政资助责任模式，即政府财政依法承担对（一般是公职人员）基本养老保险的全部缴费责任，该项责任的大小由法律规定的费率标准（及雇主所应分担的份额）确定。第二种是财政固定比例补贴责任模式，即政府财政依法每年对基本养老保险基金按固定比例进行补贴投入，不管基本养老保险基金运行情况如何。这种模式下，政府财政要么是对前端缴费的补助，要么是对后端基金给付的补贴，无论哪端补助基本养老保险基金都必须追求自我平衡。第三种是缴费参与＋给付参与财政责任模式，即政府财政既对缴费给予补贴，还在养老金给付环节进行支持，是一种既"补入口"又"补出口"的前端后端均补助的财政责任模式。在这种模式下，政府财政对基本养老保险基金的前端与后端补助一般都是固定比例（或固定数量）的，因此一般亦要求基金做到自我收支平衡。第四种是"兜底性"财政责任模式，即政府财政对基本养老保险基金既"不补入口"也"不补出口"，而是在基本养老保险基金出现支付缺口时，对基金的收支缺口进行全部的兜底性财政弥补。这种模式下，基本养老保险基金没有自我平衡的法律要求和内在约束。

不同国家的基本养老保险财政责任模式并不一致。例如，德国明确规定政府按照基本养老保险收入的一定比例对其进行财政补贴；苏联和东欧国家曾经实行的是全额（差额）财政资助责任模式；中国、英国当前则采取由政府财政弥补基本养老保险基金亏损的做法，不一而足。可以看出，政府在基本养老保险领域的财政责任是一个宽泛的概念与做法，有的是小政府、大市场，有的是大政府、小市场。哪种财政责任模式更具优越性，须等待时间验证与实证研究。另外，有些国家对其内部不同的养老保险项目往往采用不同的财政责任模式。例如在我国，企业职工基本养老保险实行政府财政兜底责任模式，城乡居民养老保险采纳的是既"补入口"又"补出口"的财政责任模式，而2016年之前机关事业单位人员的养老保险缴费及支出则全部由政府财政负责。

第二节　传统的退休金制度及其财政责任

计划经济年代的城镇养老保险制度，是在20世纪50年代建立起来的。1951年2月26日政务院颁布的《中华人民共和国劳动保险条例》及随后的修订案，标志着企业职工养老保险制度的建立；1955年12月29日国务院颁布《国家机关工作人员退休处理暂行办法》《国家机关工作人员退职处理暂行办法》《关于处理国家机关工作人员退职、退休时计算工作年限的暂行规定》等法规，建立起国家机关和事业单位工作人员退休制度；1958年2月9日国务院正式发布《关于个人、职员退休处理的暂行规定》，将企业与机关事业单位的工人、职员的退休养老统一化；同年，国务院还公布了《关于现役军官退休处理的暂行规定》，建立起由军队与民政部门共同负责的军官退休制度。与广泛覆盖的城镇养老保险制度相对应的是，农民养老保险在相当长时期内未纳入国家养老保障体系，整个农村人口被排挤在国家养老保险制度之外。在农村，多数老年人的养老问题沿袭几千年的传统，依靠家庭及其子女解决，只有数量极少的"五保"老人能够获得政府的养老救济。

《中华人民共和国劳动保险条例》第二章第七条指出，本条例所规定之劳动保险的各项费用，全部由实行劳动保险的企业行政方面或资方负担，其中一部分由企业行政方面或资方直接支付，另一部分由企业行政方面或资方缴纳劳动保险金，交工会组织办理。第八条指出，此项劳动保险金不得在工人与职员工资内扣除，并不得向工人与职员另行征收。《国家机关工作人员退休处理暂行办法》等相关法规则规定，国家机关工作人员在达到退休年龄后办理好退休手续，即可按相应标准逐月发给退休金。由此可见，在企业职工养老保险制度与国家机关、事业单位人员退休制度中，劳动者个人均不需要缴纳养老保险费，其中企业职工的养老保险经费来源于企业生产收益并在企业营业外列支。1956年所有制改造完成以后，城镇基本只有单一的国有企业，因此企业职工退休金的最后责任人是政府；机关事业单位职工的退休养老缴费则完全来源于政府财政拨款。可以看出，这两种制度实行的是政府包揽式全额（差额）财政资助责任模式。

计划经济年代的养老保险制度，是在城乡二元分割的背景下建立起来的，针对城镇劳动者设立的，具有显著的国家包办、单位负责、现收现付、单一层次、封闭运行等特征的国家—单位保障型退休养老制度。[①] 这种国家—单位保障型退休养老制度，是典型的"苏联模式"，劳动者个人不需要缴纳养老保险费，完全缺乏责任分担机制，因此其制度财务是不可持续的：随着职工的老化和企业的老化，企业的养老负担不断加大，一些离退休职工多的国企因此陷入不堪重负的境地，要么通过巨额政府财政补贴得以维持对退休人员的养老保障，形成对国家财政的沉重负担；要么因经营状况欠佳而拖欠退休人员的养老待遇，直接损害退休人员的养老保障权益。因此，计划经济年代的养老保险制度在责任分担机制方面存在内在缺陷，必须进行根本性改革，否则难以为继。

第三节　基本养老保险制度及其财政责任的确立

20世纪80年代以来，我国开始对计划经济体制进行改革，同时向市场经济体制转型。但在向市场经济体制转型的过程中，与计划经济体制相适应的原退休养老保险制度阻碍了经济体制的转型，不利于国企改革的推进。因此，从20世纪80年代早期开始，我国就开始对新增劳动力试行现代基本养老保险的探索，即实施"增量改革"；从90年代开始，国务院发布一系列相关政策法规，全面建立适应市场经济体制的新型基本养老保险制度，同

[①] 郑功成：《中国社会保障30年》，人民出版社2008年版，第55页。

时改革政府对养老保险制度的财政责任模式。

一　城镇职工基本养老保险制度及其财政责任的确立

1991年的《关于企业职工养老保险制度改革的决定》，是改革开放以来中国就城镇养老保险改革问题的第一个重要指导性文件。在该文件的推动下，以社会统筹为目标、多方分担责任为原则的养老保险制度改革在全国迅速展开。1995年，国务院发布《关于深化企业职工养老保险制度改革的通知》，提出实行社会统筹与个人账户相结合的制度模式，基本养老保险费用由企业与个人分担。2000年，国务院颁布《关于完善城镇社会保障体系的试点方案》，重点是对正在确立中的"统账结合"模式进行修订，并重申基本养老保险费由企业和职工共同负担。2005年国务院发出《关于完善企业职工基本养老保险制度改革的决定》，提出逐步做实个人账户，建立多层次养老保险体系，划清中央与地方、政府与企业及个人的责任。2007年，国务院颁布《关于推进企业职工基本养老保险省级统筹有关问题的通知》，指出在完善市级统筹的基础上，要尽快提高统筹层次，实现省级统筹。2010年，全国人民代表大会通过的《社会保险法》中规定，基本养老保险基金由用人单位和个人缴费以及政府补贴等组成。另外，国有企业、事业单位职工参加基本养老保险前，视同缴费年限期间应当缴纳的基本养老保险费由政府承担。基本养老保险基金出现支付不足时，由政府给予补贴。2013年党的十八届三中全会《决定》提出，完善个人账户制度，健全多缴多得机制。2015年，国务院发布《关于机关事业单位工作人员养老保险制度改革的决定》，提出机关事业单位职工参加城镇职工基本养老保险制度，其基本养老保险费由单位和职工共同负担。2016年党的《十八届六中全会公报》要求实现城镇职工基本养老保险金中的基础养老金全国统筹，划转部分国有资本充实社保基金（见表1—1）。

表1—1　我国有关城镇职工基本养老保险制度财政责任的规定

年份	党和政府的文件	关于政府财政责任的规定
1991	《关于企业职工养老保险制度改革的决定》	养老保险费用实行国家、企业、个人三方共同负担。养老保险费用的统筹要由当前的市、县级统筹逐步过渡到省级统筹。
1995	《关于深化企业职工养老保险制度改革的通知》	基本养老保险费用由企业和个人共同负担，实行社会统筹与个人账户相结合。
1997	《国务院关于建立统一的企业职工基本养老保险制度的决定》	已离退休人员，按国家原来的规定发给养老金。完善基本养老金正常调整机制。制度实施前参加工作、实施后退休且个人缴费和视同缴费年限累计满15年的人员，在发给基础养老金和个人账户养老金的基础上再确定过渡性养老金，过渡性养老金从养老保险基金中解决。
2000	《关于完善城镇社会保障体系的试点方案》	基本养老保险费由企业和职工共同负担，个人账户按8%做实。
2005	《关于完善企业职工基本养老保险制度改革的决定》	逐步做实个人账户，完善统账结合的基本制度；建立多层次养老保险体系，划清中央与地方、政府与企业及个人的责任。
2007	《关于推进企业职工基本养老保险省级统筹有关问题的通知》	在完善市级统筹的基础上，尽快提高统筹层次，实现省级统筹。
2010	《社会保险法》	基本养老保险基金由用人单位和个人缴费以及政府补贴等组成。"视同缴费"由政府承担。
2013	十八届三中全会《决定》	完善个人账户制度，健全多缴多得机制。
2015	《关于机关事业单位工作人员养老保险制度改革的决定》	机关事业单位在参加城镇职工基本养老保险的基础上，基本养老保险费由单位和职工共同负担。

续表

年份	党和政府的文件	关于政府财政责任的规定
2016	《十八届六中全会公报》	实现职工基础养老金全国统筹，划转部分国有资本充实社保基金。
2017	《统一和规范职工养老保险个人账户记账利率办法》	职工基本养老保险个人账户记账利率将主要考虑职工工资增长和基金平衡状况等因素研究确定，并通过合理的系数进行调整。记账利率不得低于银行定期存款利率。

从以上可以看出，在2016年企业职工养老保险制度和机关事业单位养老保险制度合并之前，企业职工养老保险制度其基本养老保险费由企业和职工共同负担，基金支付不足时由政府财政予以补助，因此政府财政在其中履行的是一种"兜底性"责任。机关事业单位的养老保险仍然实行全额财政资助模式；企业职工养老保险制度和机关事业单位养老保险制度合并成统一的城镇职工基本养老保险制度之后，新制度目前采用的是"兜底式"政府财政责任模式。

二 城乡居民基本养老保险制度及其财政责任的确立

计划经济年代长期把农民排除在基本养老保险制度之外，农民的养老权益没有得到保障，有违制度公平、正义与共享的价值取向。我国是个农业大国，不解决农民的养老保障问题，我国人口老龄化问题不可能从根本上得到解决，会对社会安全构成巨大隐患。另外，不把农民覆盖进来，我国的基本养老保险制度也是不健全和不完整的。因此，在20世纪80年代着手对城镇基本养老保险制度进行改革之时，党和政府亦开始了对农村养老保险制度的探索与试点，试行农民个人缴费、建立个人账户的社会养老保险制度。但由于种种原因，农民社会养老保险制度难以进一步推进和发展，因此大多数农民依赖的依然是传统式家庭养老。

进入21世纪，随着工业化、城镇化以及人口老龄化的进一步推进，家庭的养老功能逐渐衰弱。为确实构建公平、可持续的基本养老保险制度，政府开始推进新型农村养老保险制度建设。2009年，国务院发布《关于新型农村养老保险试点的指导意见》，要求从2009年底起在全国10%的县市进行试点，到2020年覆盖全体农村人口。实际上，至2012年仅用了3年时间就基本实现了新型农民养老保险制度的全覆盖，比原来预估的10年左右的时间大大提前。2010年10月28日，全国人大通过《社会保险法》，提出国家建立和完善新型农村社会养老保险制度和城镇居民社会养老保险制度，省、自治区、直辖市人民政府根据实际情况可以将城镇居民社会养老保险和新型农村社会养老保险合并实施。2011年6月7日，国务院颁布《关于开展城镇居民社会养老保险试点的指导意见》，决定从2011年7月1日启动试点工作，实施范围与新型农村社会养老保险试点基本一致，且于2012年基本实现了城镇居民养老保险制度全覆盖。2014年2月21日，国务院颁布《关于建立统一的城乡居民基本养老保险制度的意见》，决定在总结新型农村社会养老保险和城镇居民社会养老保险试点经验的基础上，将两项制度合并实施，在全国范围内建立统一的城乡居民基本养老保险制度。2014年2月24日，人力资源和社会保障部、财政部印发《城乡养老保险制度衔接暂行办法》，首次明确城乡居民养老保险和城镇职工养老保险之间可以转移衔接，但要在参保人达到法定退休年龄后进行。（见表1—2）

表 1—2　我国有关城乡居民基本养老保险制度财政责任的规定

年份	党和政府的文件	关于政府财政责任的规定
2009	《关于新型农村养老保险试点的指导意见》	养老金待遇由基础养老金和个人账户养老金组成，支付终身。基础养老金由财政全额支付；个人账户养老金由个人缴费、集体补助、政府补贴构成。地方政府应当对参保人缴费给予补贴，对农村重度残疾人等缴费困难群体，地方政府为其代缴部分或全部最低标准的养老保险费。
2010	《社会保险法》	新型农村社会养老保险待遇由基础养老金和个人账户养老金组成。新型农村社会养老保险实行个人缴费、集体补助和政府补贴相结合。
2011	《关于开展城镇居民社会养老保险试点的指导意见》	养老金待遇由基础养老金和个人账户养老金构成，支付终身。基础养老金由财政全额支付；个人账户养老金主要由个人缴费和政府补贴构成。地方政府应当对参保人缴费给予补贴，对城镇重度残疾人等缴费困难群体，地方人民政府为其代缴部分或全部最低标准的养老保险费。
2014	《关于建立统一的城乡居民基本养老保险制度的意见》	规定同上。
2014	《城乡养老保险制度衔接暂行办法》	对于同时领取城镇职工养老保险和城乡居民养老保险待遇的，终止并解除城乡居民养老保险关系，除政府补贴外的个人账户余额退还本人，已领取的城乡居民养老保险基础养老金应予以退还。

从以上可以看出，无论是之前的新型农村养老保险制度、城镇居民养老保险制度还是统一后的城乡居民养老保险制度，政府对之投入责任体现在既"补入口"又"补出口"："补入口"体

现于政府在城乡居民参保缴费环节就给予财政补助,对重度残疾人等缴费困难群体,地方政府为其代缴部分或全部最低标准的养老保险费;"补出口"即政府在养老金待遇支付环节给以支持,体现在政府对符合养老金待遇领取条件的参保人员全额支付基础养老金。因此,我国城乡居民养老保险制度实行的是前端后端均补助但非兜底式的财政责任模式。

第四节 基本养老保险财政责任的定性分析与评价

20世纪90年代国务院系列有关养老保险制度改革文件的颁布,标志着我国新型城镇企业职工基本养老保险制度的全面建立。2014年国务院发布《关于建立统一的城乡居民基本养老保险制度的意见》,标志着统一的城乡居民养老保险制度建立。2015年国务院颁布《关于机关事业单位工作人员养老保险制度改革的决定》,将企业职工基本养老保险制度与机关事业单位养老保险制度合并为城镇职工养老保险制度。至此,我国的基本养老保险制度体系基本定型。在此,着重对基本养老保险政府财政责任的演进与发展进行定性分析,后续各章则对现行基本养老保险政府财政责任的适度性进行定量分析。

一 企业职工养老保险制度财政责任的政策分析与评价

1991年《关于企业职工养老保险制度改革的决定》(以下称为《决定》)中提出,养老保险费用由国家、企业和个人共同负担,但1995年的《关于深化企业职工养老保险制度改革的通知》(以下称为《通知》)将此修改为,基本养老保险费用由企业和个人共同负担。《通知》同时提出,实行社会统筹与个人账户相结合的基本养老保险模式。该《通知》修正了1991年《决定》中关于养老保险费用国家、企业与个人共同负担的筹资原则，改为由企业与个人共同负担，强调了微观主体对自身的养老保障责任，是有利于增强劳动者责任意识的；从更长远来讲，还有利于对制度养老金水平过度供给的制约。在社会统筹与个人账户相结合的基本养老保险模式下，退休人员养老金待遇由社会统筹账户提供的基础养老金和个人账户提供的养老金组成。其中，基础养老金与个人账户养老金数额是由特定的计算公式决定，其水平主要取决于个人的缴费情况。① 而在传统的退休养老制度下，职工退休金一般是其退休前最后工资（往往是其最高工资）的70%—90%。② 在人口老龄化不断发展的情况下，这种高养老金水平是不可持续的，并且实践中已经对政府财政支出构成了巨大压力。因此，社会统筹与个人账户相结合的基本养老保险模式，从理论上讲既有利于激发职工参保缴费的热情，又有利于限制制度养老金水平的过度供给，体现了企业职工养老保险制度注重效率的特点。

90年代选择建立社会统筹与个人账户相结合的企业职工养老保险制度，是基于人口老龄化不断发展的趋势判断，并受国际上养老保险制度的私有化浪潮的影响。传统的单个社会统筹账户转向社会统筹账户与个人账户相结合，意味着养老金财务模式由现收现付制转向半积累制，意味着巨额的制度转换成本（即制度改革前有工作经历的职工的个人账户养老金积累额）。然而，《通

---

① 基础养老金 =（全省上年度在岗职工月平均工资 + 本人指数化月平均缴费工资）÷ 2 × 缴费年限 × 1%，或基础养老金 = 全省上年度在岗职工月平均工资（1 + 本人平均缴费指数）÷ 2 × 缴费年限 × 1%；个人账户养老金 = 个人账户储存额 ÷ 139 个月；基础养老金 + 个人账户养老金 = 每月养老金。从上述公式可以看出，养老金的高低主要取决于个人的缴费情况，缴费基数越高，缴费的年限越长，养老金就会越高。

② 2006年，原人事部、财政部印发《关于印发〈关于机关事业单位离退休人员计发离退休费等问题的实施办法〉的通知》。

知》并没有对改革前有工作经历的职工（"老人"与"中人"）个人账户养老金权益进行任何界定和计算，没有谈及政府如何在制度转轨过程中对这部分权益进行补偿，而是指望通过新制度的运行来逐步消化这个成本，这在理论上和实践上都是行不通的：理论而言，"中国长期实行低工资的收入分配，劳动者工资在进行分配前已经进行了六项扣除，其中包括养老保险费用。但是，被扣除的养老保险费用并没有以养老保险基金形式形成积累，而是被政府当作生产基金直接用于国有企业的投资，职工养老金的权益直接表现为政府债务"①。实践中，这一政策实施的后果是，"个人账户"的"空账"运行，并且随时间推移"空账"的规模愈来愈大，在职者和退休者双双受损。因为政府没有合理地去承担转制成本，在职一代既要代际转移支付赡养退休一代又要为自己的养老进行储蓄，其负担十分沉重；不断下降的基本养老金替代率，表明退休人员也因此而受损。政府缺席转制成本的结果就是养老保险缴费水平高企的同时养老金水平却在下降，因此，制度转制成本通过企业和职工承担高缴费率的途径来消化是行不通的，理应由政府承担。

在"统账结合"模式下，政府财政从基本养老保险领域中退出（不承担缴费责任），又没有对制度转制成本进行明确界定和计算，表面上看政府财政压力可以因此而缓解，实践证明结果并非如愿。事实上，由于基本养老保险的准公共物品特性，任何国家的政府财政都不可能从其中完全退出，要么对其进行固定（比例）补助，要么对其实行兜底补助。企业职工养老保险制度中政府不承担养老保险的缴费，但并不意味着政府没有财政责任去支持制度运行。实践证明，随着时间推移，企业职工养老保险基金

---

① 李珍：《社会保障制度与经济发展》，武汉大学出版社1998年版，第130页。

收支缺口日益扩大，政府财政兜底补助数额也在持续增加。1997年政府财政补助基本养老金 21.3 亿元，占政府财政收入的比例为 0.22%；2010 年政府财政补助快速增加 1954 亿元，占政府财政收入比例也上升到 2.35%；2015 年政府财政补助更是增加到 6511 亿元，占政府财政收入的比例则为 4.08%。① 可以看出，政府通过不断增加的财政补助支持了基本养老保险制度去应对老龄化冲击，也在事实上承担了部分转制成本，但是这种补助支出是非规范化、非制度化的。随着未来人口老龄化的深度发展，预计养老保险基金收支缺口将会持续扩大，政府财政兜底补助支出的数额与压力将不断增加，政府对制度的这种随机性的、非制度化的财政补助，对政府财政可持续性构成巨大隐患。

二 机关事业单位养老保险制度财政责任的政策分析与评价

我国基本养老保险制度改革与经济体制改革基本同步，当初是作为国有企业改革的配套措施而提出。经过二十几年的改革，基本养老保险制度改革从国有企业扩展到所有企业，再扩展到农村居民和城镇居民。但是，机关事业单位的社会养老保险制度改革一直滞后，仍然沿用传统的政府财政供给制，由此导致企业职工、城乡居民与机关事业单位人员之间养老保险缴费与待遇的不平等，基本养老保险制度缺乏统一性和规范性。2008 年，国务院通过《事业单位工作人员养老保险制度改革试点方案》，确定在山西、上海、浙江、广东、重庆 5 省市先期开展试点，与事业单位分类改革配套推进。2009 年 1 月，国务院要求 5 个试点省市正式启动事业单位养老保险制度改革，实现与企业基本一致。2015

---

① 数据来源：财政部社会保障司主编的《社会保障基金统计资料》（中国财政经济出版社 2002 年版，第 163 页）；历年人力资源和社会保障部发布的《人力资源和社会保障事业发展统计公报》；《中国统计年鉴（2016）》（中国统计出版社 2016 年版）。

年2月，国务院印发《关于机关事业单位人员养老保险制度改革的决定》（简称《决定》），确定机关事业单位在参加城镇职工基本养老保险的基础上，基本养老保险费由单位和职工共同负担，已退休人员（即制度"老人"）按照老办法留在财政供养的旧体系内，《决定》实施前参加工作、实施后退休且缴费年限（含视同缴费年限）累计满15年的人员（即制度"中人"），在发给基础养老金和个人账户养老金的基础上，再依据视同缴费年限长短发给过渡性养老金。

国外许多国家有比较完善的公职人员养老保险制度，这些制度可以分为两种基本模式：一是专门、独立的公职人员养老保险制度，二是公职人员进入国家基本养老保险制度，再辅以职业年金制度。但总体而言，第二种即构建包括所有劳动者（私人部门与公共部门）在内的统一的基本养老保险制度，是多数国家养老保险制度改革的选择与趋势；之所以第二种成为各国公职人员养老保险制度改革的共同趋势，是为了应对人口老龄化给传统福利制度造成的财政压力。传统的公职人员养老保险制度下，许多国家为促其公职人员尽职尽责工作，为公职人员提供的养老待遇普遍都相对优厚。而且在筹资缴费方面，国外基本都是政府承担责任，公职人员个人不承担或只承担小部分责任。随着人口老龄化的发展，越来越多国家面临养老金财政支付的困难，不断扩大个人和市场责任、逐步缩小国家和政府作用边界成为多数国家的选择。在我国，机关事业单位人员养老保险长期由政府财政全额（差额）支付且待遇优厚，不但不符合制度公平的价值理念，而且在财政上亦是不可持续的。因此，我国把机关事业单位人员纳入城镇职工基本养老保险制度，让个人责任适度回归，不但是顺应国际潮流，也是缓解财政压力和促进社会公平的举措。

将财政供养的机关事业单位人员纳入城镇职工养老保险制度，

意味着巨额的制度转轨成本。理论界一致认为，政府应该承担改革成本的消化责任，还有一些研究者对不同转轨模式所带来的转轨成本问题进行了研究。[①][②][③] 从企业职工养老保险制度的改革实践来看，由于对转制成本的模糊化，导致个人账户长期"空账"运行，损害了制度的公平和效率。2015年国务院《关于机关事业单位人员养老保险制度改革的决定》对机关事业单位工作人员养老保险制度改革的转制成本问题亦是语焉不详，是否会参照企业职工基本养老保险制度做法暂不得而知。但企业职工基本养老保险制度转制成本模糊化的教训表明：若没有建立明晰的、制度化的成本化解机制，将转制成本转嫁给新制度承担，必然导致社会统筹基金收不抵支、个人账户长期"空账"运行，使得"统账"结合的基本养老保险制度结构有名无实，也给承担基金缺口兜底补助的各级政府财政带来不确定性压力和冲击。

三 城乡居民养老保险制度财政责任的政策分析与评价

1991年，民政部制定了《县级农村社会养老保险基本方案》，确定了以县为基本单位开展农村社会养老保险（俗称为"老农保"）的原则，并确定了资金筹集以个人缴纳为主、集体补助为辅、国家予以政策扶持。但由于没有政府财政补助等原因，农民每月可领取的养老金很少，"老农保"发展于是陷入停滞。2009年国务院颁布《关于新型农村养老保险试点的指导意见》，试点建立个人缴费、集体补助和政府财政补贴的新型农村养老保险制

---

① 黄晗:《机关事业单位养老保险改革的转制成本研究》,《江西财经大学学报》2014年第6期。

② 伊尹:《机关事业单位养老保险改革的转制成本研究》,《人力资源管理》2016年第5期。

③ 解静:《机关事业单位养老保险改革转制成本的影响因素分析》,《中国经贸》2016年第5期。

度（即"新农保"）。2011年国务院下发《关于开展城镇居民社会养老保险试点的指导意见》，决定建立主要由个人缴费和政府补贴的城镇居民养老保险制度（"城居保"）。2014年2月21日，国务院颁布《关于建立统一的城乡居民基本养老保险制度的意见》（简称《意见》），决定将"新农保"与"城居保"合并为统一的城乡居民养老保险制度，明确城乡居民养老保险实行"统账"结合的制度模式和"个人缴费+集体补助+政府补贴"的筹资模式，并规定"政府对符合领取待遇条件的参保人员全额支付基础养老金"，"地方政府应对参保人缴费给予补贴"，并鼓励地方政府对选择较高档次标准缴费及长期缴费的可适当增加补贴金额和增发基础养老金。

统一的城乡居民基本养老保险制度由并行的"新农保"和"城居保"合并而来，其新建制度的属性以及基本没有变化的制度结构决定了不存在转制成本问题。不过，从之前的"地方旧农保"向"国家新农保"的转化是可能存在一定转换成本的。对于"地方旧农保"模式与"国家新农保"制度相近的地区如江西省、广东省等，制度转换基本不存在成本；但对于"地方旧农保"账户模式与国家"新农保"差异较大的地区如浙江余姚，"旧农保"采取的是以一次性个人缴费建立个人账户，再由地方财政兜底支付的模式，在向"国家新农保"转换时，涉及个人缴费由一次性转化为按年缴费，政府财政的兜底责任转化为缴费"进口补"、基础养老金支付的"出口补"以及对参保人员长寿风险的财政兜底责任，财政预算需要重新估量，因此这种转换存在较大的转制成本，这个转制成本需要地方财政和中央财政共同承担。

从世界各国实践来看，基本上都是在通过养老保险（障）制度解决城镇雇员的养老问题之后，才开始考虑自雇人员（尤其是农民）的养老问题。农民收入低是世界性普遍现象，农村人口老龄化程度亦高于城镇，没有政府的支持、参与和主导，农民养老保险制度不可能建立和发展。从各国实践来看，一般都对农民养老保险（障）给予大量财政补贴或直接由财政出资给予养老保障，例如英联邦国家和一些发展中国家如印度、巴西等为农民提供非缴费型养老金，德国、希腊、法国与日本等国财政补贴占农民养老保险基金的70%—90%。根据《意见》，我国现行统一的城乡居民基本养老保险制度政府财政责任体现在对缴费"进口补"、基础养老金支付的"出口补"以及对参保人员长寿风险资金①的财政兜底责任三方面，政府财政补助支出在"新农保"（"城居保"情况类似）养老金总支出中所占的比重总体较高。②可以看出，我国现有政策下的政府财政责任比例符合国际惯例和农民（自雇人员）养老保险制度发展的本质规律。

但是，现行政策下城乡居民养老保险财政责任仍然存在以下问题：第一，多数学者认为中央政府有能力承担城乡居民养老保险财政补贴金额，③④⑤但地方政府尤其是中西部贫困地区的地方财政筹资能力弱，反映中央政府与地方政府财政责任关系需要重构。⑥第二，基础养老金缺乏规范的调整机制或办法，是导致基

---

① 根据《意见》，城乡居民个人账户养老金计发办法类似于城镇职工基本养老保险，采取个人账户储存总额除以139的方式发放。也就是说，当养老金领取者领取139个月养老金后，其个人账户养老金领取完毕，之后所领取的养老金（包括个人账户养老金，称之为长寿风险资金）全部来源于政府财政。

② 杨翠迎、郭光芝、冯广刚：《新型农民社会养老保险的财政责任及其可持续性研究》，《社会保障研究》2013年第1期。

③ 薛惠元：《新型农村社会养老保险财政保障能力可持续性评估——基于政策仿真学的视角》，《中国软科学》2012年第5期。

④ 黄晗：《城镇居民养老保险筹资标准的测算与分析》，《江西财经大学学报》2012年第4期。

⑤ 张华初、吴钟健：《新型农村社会养老保险财政投入分析》，《经济评论》2013年第2期。

⑥ 邓大松、薛惠元：《新农保基金筹集主体筹资能力分析——兼析个人、集体和政府的筹资能力》，《经济体制改革》2010年第1期。

础养老金替代率偏低和各地政府财政补贴不一的主要因素。2009年制定55元标准的依据是2008年农村低保人均每月补助50.4元，但相关政策文件没有明确财政如何投入基础养老金以及基础养老金如何调整等问题。各地以其财政负担能力和养老保障需求为依据对基础养老金进行了不同标准的设计，形成区域之间基础养老金待遇差距大、多数地区基础养老金替代率偏低的现状。因此，应该进一步明确、规范政府对于基础养老金的财政责任。第三，城乡居民基本养老金（基础养老金＋个人账户养老金）替代率低于目标水平，反映现行财政补贴激励居民提高缴费档次的效果有限。根据研究，城乡居民基本养老金替代率并没有达到40%的国际标准，[1] 远低于城乡居民人均纯收入的50%。[2] 根据这个事实，有的研究者认为应该提高养老金支出中的个人贡献比例，有的研究者认为应该提高政府财政补助水平或者政府与个人两者的投入责任都要增加。本书认为，基于我国经济进入新常态、财政收入增长趋缓以及人口老龄化不断发展之趋势，一味地提高政府财政责任是不妥的；城乡居民基本养老金替代率过低的根本解决办法在于调整政府财政补贴激励机制，鼓励城乡居民尽量选择更高档次的缴费标准，并改善基金的投资运营水平。

---

[1] 杨斌、丁建定：《中国养老保险制度政府财政责任——差异及改革》，《中央财经大学学报》2015年第2期。

[2] 黄丽：《城乡居民基本养老保险保障水平评估与反思——基于养老金替代率视角》，《人口与经济》2015年第5期。

第二章

政府财政责任与基本养老金替代率的关系分析与评估

20世纪90年代官方提出我国社会保障体系建设方针为"广覆盖、低水平、多层次",进入21世纪该方针修改为"广覆盖、保基本、多层次、可持续",把"低水平"改为"保基本",并增加了"可持续"要求。党的十八大报告提出社会保障要实现"全覆盖、保基本、多层次、可持续",党的十八届三中全会通过的《中共中央关于全面深化改革若干重大问题的决定》在继续坚持这个方针外,强调我国社会保障制度的改革目标为"建立更加公平、可持续的社会保障制度",之后党的十八届四中全会、五中全会、六中全会以及十九大均强调要建立更加公平、可持续的社会保障制度。进入21世纪,政府多次强调社会保障的"公平与可持续"方针,说明制度遭遇了比较严重的公平性问题与可持续性发展困境。结合基本养老保险制度的基本保障目标,基于政府财政责任对基本养老保险制度发展的重要影响,接下来几章分析评估基本养老保险财政责任对于基本养老金替代率、基本养老保险均等化以及政府财政可持续性的影响。

我国社会保障制度包含基本养老保险制度在内的建设方针是"全覆盖、保基本、多层次、可持续"(党的十八大报告),基本原则是"全覆盖、多层次",基本前提是"可持续",保障目标则是"保基本"。《社会保险法》《关于建立统一的城乡居民基本养老保险制度的意见》《国务院关于机关事业单位工作人员养老保险制度改革的决定》等均明确基本养老保险保障水平要与经济发展水平相适应,充分发挥社会保险对保障人民基本生活的重要作用。因此,基本养老保险制度的首要任务是"保障退休人员的基本生活"。

党的十四届三中全会明确提出,基本养老保险待遇必须同我国经济发展水平及各方面(财政、雇主与个人)的承受力相适应。众多专家指出,政府提供的基本养老保险只能提供基本生活水平的保障,至于更高层次的养老,需要通过建设多层次的养老保险体系来解决[①②]。养老金替代率是衡量养老保险(保障)待遇水平的最核心指标。1952年国际劳工组织的《社会保障(最低标准)公约》规定了国家养老保障的最低替代率,具有30年工龄的中等收入职工应收到相当于其在职收入40%的养老金。1997年的《国务院关于建立统一的企业职工基本养老保险制度的决定》把统筹账户养老金目标替代率确定为社会平均工资的20%、个人账户养老金目标替代率则没有明确。胡晓义在假设个人账户利率与社会平均工资增长相等基础上,提出基础养老金水平相当于当地社会平均工资的20%,个人账户养老金相当于当地社会平均工资的38.5%,总计约为58.5%的职工养老保险金目标替代率。[③] 相关文件亦没有对城乡居民养老保险制度的目标替代

---

① 《专访郑功成：养老保险改革顶层设计的关键问题》,2018年2月10日,中国养老金网站（http://www.cnpension.net/xxis/yljxxjskx/16522.html）。

② 李珍：《基本养老保险制度分析与评估——基于养老金水平的视角》,人民出版社2015年版,第55页。

③ 胡晓义：《国务院〈决定〉解读系列之二——保障水平要与我国社会生产力发展水平及各方面承受能力相适应》,《中国社会保险》1997年第7期。

率进行明确规定，但多数研究者认为应该达到城乡居民人均纯收入的50%左右。从实践看，城镇企业职工基本养老保险金替代率从最高的77.3%（1999年）逐年下降到2016年的45.7%（见表2—1）；城乡居民养老保险金的实际替代率则远远低于目标替代率，2010年至2016年的实际替代率都没有超过15%（见表2—3）。

"保基本"的内涵是什么、多少养老金才能保障退休人员的基本生活、政府应该投入多少财政来助推"保基本"目标的实现？这些问题在理论上没有充分的讨论，在政策上亦无明确的规定，因而在实践上必然产生困惑和相应后果。因此，本章先后从以下几个方面进行论证：首先，从理论上分析基本养老金替代率的内涵与当前基本养老金目标替代率的合理性；其次，实证研究我国基本养老金替代率的变化及发展趋势；再次，分析不同财政责任模式对基本养老金替代率的影响；最后，结合国际经验，进行总结与政策建议。

第一节　基本养老金目标替代率的合理性分析

基本养老金，在我国也称为退休金、退休费，即在劳动者年老或丧失劳动能力后，根据他们对社会所做的贡献和所具备的享受基本养老保险资格或退休条件，按月或一次性以货币形式所给予的基本养老保险待遇，主要用于保障劳动者退休后的基本生活需要。基本养老金能否实现其保障目标，取决于基本养老金替代率的高低。

一　基本养老金替代率的概念及分析

基本养老金替代率，也称退休人员收入替代率，是指劳动者退休后从基本养老保险制度中领取的养老金水平与某种收入水平之间的比例。基本养老金替代率作为一个国家或地区养老保险体系的重要组成部分，是反映退休人员生活保障水平的最重要指标。作为基本养老保险制度中的一项重要指标，其高低直接反映了养老保险金同劳动者退休前收入的某种关联，客观上体现了退休人员与在职人员的收入关系，并影响着基本养老保险的财务收支情况。

根据研究角度的不同，基本养老金替代率有多种类型。根据研究对象不同，可把基本养老金替代率分为个人养老金替代率、平均养老金替代率、总额养老金替代率和总和养老金替代率。个人养老金替代率是指单个离退休人员的养老金收入与其退休前一年或若干年工资收入的比率。这一指标以个人为对象，从离退休者退休前一年或若干年的工资总额中除去劳动者因离退休而无须开支的工作性相关支出，即可求出离退休者所需必要生活费用。再把工资总额中的用于生活费用的支出与工资总额相除，所得即为该离退休人员个人养老金替代率；平均养老金替代率即社会平均养老金与社会平均工资（收入）的比率，这一指标反映了同一时期的离退休者与在业者的收入对比关系；总额养老金替代率即离退休人员退休金总额与当年在职在业人员工资（收入）总额之比率，这一指标不能反映单个离退休人员的受保障水平，但能够从总体上反映社会的养老负担程度；总和养老金替代率指的是在多支柱养老保险体系下，各层次养老保险待遇（包括基本养老保险待遇）替代率加总后构成的总替代率，这个指标反映离退休者所获得的总体养老保险待遇水平的高低。另外从基本养老金的供给与需求角度出发，可把基本养老金替代率分为合意替代率、目标替代率与实际替代率。合意替代率，是根据离退休人员基本养老需求而计算出来的替代率，表示离退休者想要和应该领取的基本养老金水平；目标替代率就是按照现行制度规定设定参数，在理论上模拟并精算基本养老保险体系能够提供的目标替代率，此指标从供给方面衡量替代率的高低，表示制度能提供的最高养老金水平；实际替代率，就是在基本养老保险制度实际运行过程中形成的替代率，[1] 此指标反映离退休者实际所享有的保障水平。

另外，计算基数不同，基本养老金替代率的意义亦不同，计算基数的大小影响基本养老金替代率的高低。所以，我们在考察基本养老保险保障水平时，不但要考察替代率的高低，还要看计算公式所采用的基数的大小。在城镇劳动者基本养老保险制度方面，实践中各国所采用的基本养老金替代率及其计算基数有以下几种：一是终生平均工资替代率，是指养老金与其个人退休前终生平均工资收入的比例。这一指标强调养老金收入要与个人一生的贡献相联系，背后的价值观更多地强调效率，这是一些高收入国家经常采用的养老金计算方法之一。在相同的替代率下，这种情况下个人的养老金水平相对较低，但基本养老保险制度的财务压力较小。二是某些年份的平均工资替代率，该指标的基数一般采用的是个人终生中某一阶段最高收入的平均数，有些国家用一生中最高收入的五年作为计算的基数，有的国家采用十年或更长的年限。一般而言，所采纳的年限越长，替代率计算基数就越小，养老金数额一定的情况下，替代率就越高。因此，为减轻养老基金支付压力的同时缓解民众不满，很多国家采用的养老金制度改革办法之一，就是增加基数的计算年限。三是最后收入替代率，即养老金与离退休者个人退休前工资收入的比率。一般而言，一个人离退休前的收入水平是其一生中最高或较高的，如果替代率相同，表明其养老金水平相比前两者都要高。在静态的经

---

[1] 贾洪波：《基本养老金替代率优化分析》，《中国人口科学》2005年第1期。

济中，采用这个指标对离退休者最为有利。但若是社会经济持续增长，在职人员工资以及物价不断上涨，采用以上三种替代率都将导致离退休者难以享受经济社会发展成果，甚至导致生活水平持续下降。因此，很多国家采用社会平均工资替代率指标。社会平均工资替代率，是指养老金与当期社会平均工资的比例。与之前的指标相比，这一指标的计算基数不是一成不变的个人退休前收入，而是随经济社会状况不断变化而变化的社会平均工资。采用这一计算方法，能使离退休者共享经济社会发展成果，但在人口老龄化趋势下，计算基数盯紧社会平均工资会导致基金财务压力不断上升，因此很多国家由之前的单纯盯紧社会平均工资改为盯紧社会平均工资与物价上涨指数或改为只盯紧物价上涨指数。

至于我国基本养老金替代率，有一个演变过程。1951年和1953年国家先后颁布的《劳动保险条例》及其《修正案》，规定了城镇企业职工根据其所在单位的工作年限按月计发养老金，发放金额为本人退休前工资的50%—70%；1955年颁布的《国家机关工作人员退休处理暂行办法》规定，根据工作年限的不同，机关工作人员领取的退休金为本人退休前工资的50%—80%及以上。1978年国务院颁发《国务院关于工人退休退职的暂行办法》，规定根据职工工龄长短按标准工资的70%—90%发放退休费。1983年当时的劳动人事部颁发《关于建国前参加工作的老工人退休待遇的通知》，对企业中符合离退休条件于新中国成立前参加工作的老工人也实行退休时养老金按本人标准工资的100%计发的办法。

以上养老金计发办法都是以职工本人退休前工资为计算基数，退休后采用退休前本人标准工资的一定比例来确定养老金。这样的养老金数额及其替代率是固定的，此替代率为待遇确定型的工资替代率。1995年，国务院颁布《关于深化企业职工养老保险制度改革的通知》，决定基本养老保险实行社会统筹与个人账户相结合的制度，参保人员基本养老金待遇由社会统筹账户提供的基础养老金与个人账户提供的养老金构成。从基础养老金和个人账户养老金的计算公式可以看出，基本养老金数额既涉及参保人员退休时当地上年度在岗职工月平均工资，还与职工本人账户储存额的多少相关，而这两项都是随时间变化的，因此这种养老金计发方法可称为待遇变化型的。与前面的养老金计发办法相比，这个计发办法只是说明了如何计发养老金，并没有明确基本养老金的替代率及其计算基数，学术界也没有就城镇职工基本养老保险制度改革前后替代率的变化做出具体探讨。但从实践看，相关政策及其研究对于基础养老金及个人账户养老金替代率的计算，是把社会平均工资作为计算基数的。例如1997年的《国务院关于建立统一的企业职工基本养老保险制度的决定》规定，基本养老金由基础养老金和个人账户养老金组成，职工退休时的基础养老金月标准为省、自治区、直辖市或地（市）上年度职工月平均工资的20%，个人账户养老金月标准为本人账户储存额除以120。胡晓义经过计算，得到缴费35年后个人账户的替代率为38.5%，亦是基于对个人账户收益率与社会平均工资增速一致的假设。[①]可见，我国城镇职工基本养老保险的替代率指的是社会平均工资替代率。至于城乡居民基本养老保险替代率，相关政策文件没有明确其高低及计算基数。基于对农村居民年老后基本保障的需要，学术界多数研究者认为应把农民年均纯收入作为农民基本养老金替代率的计算基数，关于目标替代率的主张则有从40%—75%不等。由于当前城乡居民养老保险制度中参保居民90%左右

---

① 胡晓义：《国务院〈决定〉解读系列之二——保障水平要与我国社会生产力发展水平及各方面承受能力相适应》，《中国社会保险》1997年第7期。

实际为农村居民，因此学术界基本认可把农村居民人均纯收入作为其基本养老金替代率计算的基数。

二 基本养老金目标替代率的合理性分析

综上所述，目标替代率是制度或政策设定的替代率，是制度希望供给的替代水平。城镇职工和城乡居民基本养老保险制度的相关文件都没有直接规定其目标替代率和计算基数，但我们可以从制度设计或实践中看出基本养老保险的目标替代率及其计算基数。基本养老保险制度是为退休人员提供基本养老保障的制度，基本养老保险替代率是其保障水平的核心评价指标，因此深入讨论当前基本养老保险目标替代率的合理性及其水平，对调整完善基本养老保险制度是十分有益的。

（一）相关的文献研究

关于"保基本"。"保基本"是社会保险的本质特征之一，[①]而"保基本"成为我国基本养老保险制度的保障目标，则是从原有职工退休金制度中得出的一条重要教训。20世纪50年代建立的职工退休金制度退休金替代率高企，随时间推移不断攀升，到90年代达到80%—100%，甚至部分退休人员的养老金替代率超过100%，给企业或政府财政造成了沉重负担。在这种情况下，现有基本养老保险制度把保障目标定性为"保基本"，社会各界亦就此达成了广泛共识。陈仰东总结，"保基本"的制度目标符合经济可承受可持续的要求、是对不断增长的保障诉求的理性约束，还为满足多样化需求的商业保险市场留下发展空间。[②] 但什么是"保基本"，"保基本"的具体衡量标准是什么，政策并没有予以明确界定，学界也存在争论，由此将导致各界对制度目标替

[①] 何文炯：《构建公平可持续的养老保障体系》，《浙江统计》2009年第3期。
[②] 陈仰东：《保基本：从理念、方针到行动的变化》，《中国医疗保险》2011年第12期。

代率高低的评价产生很大争议。

徐秀文认为,"保基本"指的是从现阶段经济发展的实际水平出发,低水平起步,保障老年人的基本生活,以此做到"人人享有、应保尽保"。① 李珍认为,若以恩格尔系数作为保障标准,是"保吃饭,保生理需要",不是"保基本"。"保基本"应为退休人员提供基本生存需求(吃穿住行医等)的保护。② 谭中和根据世界银行和国际劳工组织的相关标准,提出制度要坚守"保基本"目标,基本养老金社会平均工资替代率的合理区间应处于40.5%—70%。③

关于城镇(企业)职工基本养老保险替代率。④ 对城镇(企业)职工基本养老保险替代率的研究文献比较丰富。基于研究角度不同,基本观点可以分为以下几类:一是研究者一致认可,养老金替代率是衡量养老保障水平的最重要指标,但其高低及其合理与否和其所选择的计算基数密切相关。谭中和认为,基本养老金替代率分子、分母的不同取值直接影响其高低。退休人员的生活水平既与养老金数量有关,还与同期物价水平、在岗人员工资水平、居民消费结构和国家经济状况密切相关。⑤ 二是认为我国60%左右的基本养老金目标替代率是合理的。国务院发展研究中心在其2000年的报告指出,基本保险加个人账户的养老金平均替代率应在60%左右。李珍指出,从制度设计中的社会统筹和个人

---

① 徐秀文:《"保基本"视角下的河南省农村养老保险水平研究》,硕士学位论文,辽宁大学,2015年,第17页。
② 李珍:《基本养老保险制度分析与评估——基于养老金水平的视角》,人民出版社2015年版,第47页。
③ 谭中和:《坚守保基本、立足可持续——浅谈我国社会平均工资替代率如何实现其合理性》,《天津社会保险》2015年第2期。
④ 1999年部分机关事业单位开始基本养老保险制度改革,城镇职工基本养老保险制度开始涵盖机关事业单位人员。
⑤ 谭中和:《坚守保基本、立足可持续——浅谈我国社会平均工资替代率如何实现其合理性》,《天津社会保险》2015年第2期。

账户发放水平可以得知，基本养老保险的目标替代率是社会平均工资的60%左右。这一目标替代率相对于"保基本"的目标是大体合理的。① 三是认为60%左右的基本养老金目标替代率是不可持续的。杨燕绥等认为，2020年后我国将进入老龄人口持续峰值期，到时政府不可能向所有的老年人提供相当社会平均工资60%的基本养老金。并且指出，我国要安然度过老龄人口的峰值期，必须改变现行的养老保险制度安排，降低基本养老保险制度替代率，留出空间发展企业年金。② 张士斌等基于欧洲主权债务危机教训，认为必须注重保持老龄化时代的公共养老金财政平衡，应该规划在15—20年间逐渐将我国公共养老金支柱的替代率降低到35%的目标替代率水平，但同时基本养老金支柱替代率水平的下降必须与其他养老保险支柱替代率的上升相互配合，以保障养老金总替代率水平超过50%。③

关于城乡居民基本养老保险替代率。相比于城镇职工基本养老保险，相关政策对城乡居民养老保险的替代率及其计算基数的论述更是鲜见。但国发〔2009〕32号文、国发〔2011〕18号文与国发〔2014〕8号文④有一个一致的相关表述，就是城/乡居民养老保险制度要保障农村/城镇居民的老年基本生活。学界对保障城乡居民老年基本生活的养老金替代率应该是多少或现有替代率的合理性问题进行了分析研究。阿里木江·阿不来提等以恩格尔

---

① 李珍：《基本养老保险制度分析与评估——基于养老金水平的视角》，人民出版社2015年版，第44页。

② 杨燕绥、耿晓丹：《企业年金试行办法的战略意义》，《中国社会保障》2004年第8期。

③ 张士斌、黎源：《欧洲债务危机与中国社会养老保险制度改革》，《浙江社会科学》2011年第11期。

④ 国发〔2009〕32号文为《国务院关于开展新型农村社会养老保险试点的指导意见》，国发〔2011〕18号文为《国务院关于开展城镇居民社会养老保险试点的指导意见》，国发〔2014〕8号文为《关于建立统一的城乡居民基本养老保险制度的意见》。

系数为标准，估算新疆农村社会养老保险的目标替代率确定为40%比较合适，最高不能超过60%。① 杨翠迎等把新农保的替代率与城镇职工相比较，新农保个人基础养老金补贴占家庭人均纯收入的比例为13.86%，远低于当前我国城镇职工基本养老保险不低于20%的基础养老金替代率。② 李伟等以基本生活支出为基准，得到新农保的合意替代率的区间为58%—75%。③ 刘蕾经过测算，得出新农保制度下高、中、低收入者的预期替代率水平基本相当，均维持在42%—46%，因此地方新农保制度没有在各收入阶层之间实现明显的收入转移，代内收入再分配效应不明显。④ 黄丽通过对居民基本生活需求的界定，提出将基本养老金目标替代率设定为居民人均纯收入的50%，才能够实现"居民保"的"保基本"目标。但通过精算评估结果表明，现行制度框架下"居民保"的替代率远低于目标水平。⑤

(二) 本书的观点

本书认为，把哪些因素纳入基本养老金替代率的计算基数以及基本养老金替代率的合理区间是怎样的，需要拓宽替代率问题的需求与供给视角来对这些问题进行研究分析。人的"需求"弹性很大，而且会随着经济社会的发展而不断变化，以"需求"为依据得到的养老金替代率水平具有较大的伸缩性。除了从需求角度，还需要从供给角度，即政府、雇主和个人的财务状况或供给

---

① 阿里木江·阿不来提、李全胜：《新疆新型农村社会养老保险替代率的实证研究》，《西北人口》2010年第5期。

② 杨翠迎、孙珏妍：《推行新农保，瞻前顾后很重要》，《中国社会保障》2010年第7期。

③ 李伟、赵斌、宋翔：《新型农村社会养老保险的替代率水平浅析》，《中国经贸导刊》2010年第16期。

④ 刘蕾：《基本养老保障替代率水平研究——基于上海的实证分析》，上海人民出版社2007年版，第90—91页。

⑤ 黄丽：《城乡居民基本养老保险保障水平评估与反思——基于养老金替代率视角》，《人口与经济》2015年第5期。

能力去分析，需要考虑雇主和个人适度的缴费率是多少，政府财政能够承担的补助水平，养老金供给水平对经济发展、社会资本造成何种程度的影响等。

从需求的角度分析，是如何界定老年人基本养老需求的内容、水平及其养老金水平的调整机制问题。首先，如何界定老年人基本养老需求的内容。按照马斯洛的需求层次理论，人的需求由低到高可分成生理、安全、爱和归属感、尊重和自我实现五类，一般依次递进得到满足。随着这些需求的依次满足，人的满足感和幸福感就会随之提高。人在每一个阶段，都有某种需要占主导地位，而其他需要处于从属地位。相较于其他年龄段人群，老年人的特点决定其需求集中在"老有所养"上，并依次表现为三个方面的养老需求：经济供养、日常生活照料与精神慰藉。① 可以看出，老年人的需求集中在基本生存需求上，发展性需求相对较低。因而，老年人"老有所养"基本需求包括物质方面的需求（吃穿住行）以及外在性的养老服务需求（照顾与精神慰藉等为老服务），这些需求内容应该包括在制度为老年人提供的基本生活保障范围之内。另外，这些需求的满足既依赖于相关养老服务体系设施的完善，更需要一定的基本养老金水平去支撑。其次，如何确定基本养老需求水平。由于个体、生理、心理、社会经济特征以及所处时代背景的不同，老年人"老有所养"之需求是多层次的，但基本养老保险制度只能对基本需求水平进行保障。对这个"老有所养"的基本需求水平的衡量，宜以老年人"老有所养"的需求水平与社会能够供给的基本养老保险水平达到的平衡点（或均衡点）为标准。再次，长期看，经济社会是不断发展变化的，应对基本养老金水平实行制度化的、灵活的、科学的调整

---

① 曹清华：《老年社会救助制度的兜底保障问题研究》，《河南师范大学学报》（哲社版）2016 年第 3 期。

机制，以保障老年人的基本养老需求得到满足。

　　基本养老金的实际替代率取决于缴费、政府补助及基金投资状况。因此，从供给的角度分析，一个社会能够供给的基本养老金水平，取决于雇主和劳动者能够承担的缴费率、政府公共财政的适度补助水平与资本市场投资情况。基本养老金供给水平标准的确定，应以不影响政府财政可持续性、不对企业竞争力造成冲击和个人可负担为原则。企业承担的基本养老保险缴费过多，就会降低企业市场竞争力；个人承担的基本养老保险缴费数额过大，就会直接影响居民生活水平和参与商业保险的能力，制约补充保险和商业保险的发展空间；财政对基本养老保险的补贴超出自身负担能力，就会影响到政府公共投资能力，进而直接影响整个经济发展。因此，应根据实际情况来计算出我国企业、个人承担缴费以及政府承担补助的合理区间。关于企业的基本养老保险缴费能力，在计算企业新增价值中劳动要素和资本要素的贡献率基础上，合理分配劳动要素与资本要素的回报率，再根据以往经验计算出资本成本数额，剩下的即为企业利润，这是企业缴费的上限；关于个人的基本养老保险缴费能力，假设全部储蓄都用来缴纳社会保险费，根据人均年收入和人均消费支出数据及其变化趋势，就可计算出个人对于社会保险费的最大承受限度；关于财政对基本养老保险的补助能力，西方市场经济国家实践中用于社会福利的支出占政府财政支出比例为20%—30%，这是以其雄厚的财政实力即其财政收入占GDP的比重达到35%—50%为基础的。我国应结合国际经验，在财政实力不断增强趋势下，根据财政收入增长率、GDP增长率与财政收入占GDP的比重来计算具体的财政补助数额。

　　结合基本养老金的需求分析与供给分析，本书的研究观点是：首先，基本养老保险替代率的计算采用职工社会平均工资/城乡居民人均纯收入作为计算基数，是合理的。因为从长期看，一国社会经济必然是不断发展的，社会平均工资/城乡居民人均纯收入亦会随之而不断增长。若基本养老金只是盯住参保者某种不变的收入（如本人退休前收入），退休者的基本生活就难以得到保障，退休者就不能与在职（在业）人员一起共享社会经济发展成果，会逐渐陷入相对贫困甚至绝对贫困境地。其次，城镇职工基本养老保险目标替代率为60%左右，① 相比于制度改革前80%左右的替代率下降了，这一点是合理的。但从长期看，随着多支柱养老保险体系的建立与发展，该替代率则应逐步下降到40%左右。至于城乡居民基本养老保险替代率，多数地区的实际替代率低于其目标替代率，基本养老金很难提供"保基本"的水平，需要采取措施提高其实际替代率或加快构建多支柱养老保险体系。

第二节 基本养老金实际替代率与财政补助的关系

城镇企业职工养老保险的保障目标是为参保退休人员提供60%左右社会平均工资水平的基本养老金，以保障其基本生活水平。在只有单一支柱养老保险（基本养老保险）情况下，这一保障水平能保证退休人员必要的生活支出。但现实问题是，基本养老保险制度运行20余年以来，保障目标并没有完全实现，养老金

---

① 虽然基本养老金制度相关法律文件没有直接规定目标替代率是多少，但从制度设计中的社会统筹和个人账户发放水平我们可以得知，是社会平均工资的60%左右。见《国务院关于建立统一的企业职工基本养老保险制度的决定》（国发〔1997〕26号）与前人保部副部长胡晓义的政策解读：国发〔1997〕26号文把统筹账户养老金目标替代率确定为社会平均工资的20%；胡晓义在假设个人账户利率与社会平均工资增长相等基础上，提出基础养老金水平相当于当地社会平均工资的20%，个人账户养老金相当于当地社会平均工资的38.5%，总计约为58.5%的职工养老保险金目标替代率（胡晓义：《国务院〈决定〉解读系列之二——保障水平要与我国社会生产力发展水平及各方面承受能力相适应》，《中国社会保险》1997年第7期）。由此各界普遍认为"城职保"的目标替代率是社会平均工资的60%左右。

目标替代率失守，实际替代率持续下滑。哪些因素影响了实际替代率，其中财政补助因素如何影响实际替代率？城乡居民养老保险的相关情况如何？财政补助如何促进合理替代率的形成？

一 "城职保"实际替代率变化及其分析

根据国务院颁发的《关于完善企业职工养老保险制度改革的通知》（2005年38号文）[①]，城镇（企业）职工基本养老保险金由以下几个部分组成：一是社会统筹账户的基础养老金，取决于缴费年限；二是个人账户养老金，取决于个人账户的本利；三是调整基金。相关政策文件并没有就基本养老金的调整明确一个固定的调整机制，但实践中每年都会根据职工工资及物价变动情况对基本养老金进行一定调整，例如2016年企业退休人员总体调整（调高）水平为月人均基本养老金的10%。因此，对职工个人而言，基本养老金由三部分组成，即基础养老金+个人账户养老金+调整基金。本书根据相关数据，计算1997—2015年基本养老金的实际替代率，并探讨各相关财务指标对这些年基本养老金实际替代率形成的影响程度。

（一）实际替代率的变化及其因素分析

我国于1997年开始全面实施城镇（企业）职工基本养老保险制度，当年基本养老金的社会平均工资替代率是76.34%，高于制度60%左右的目标替代率。但自此之后，实际替代率基本延

---

① 38号文规定，《国务院关于建立统一的企业职工基本养老保险制度的决定》（国发〔1997〕26号）实施后参加工作、缴费年限（含视同缴费年限，下同）累计满15年的人员，退休后按月发给基本养老金。基本养老金由基础养老金和个人账户养老金组成。退休时的基础养老金月标准以当地上年度在岗职工月平均工资和本人指数化月平均缴费工资的平均值为基数，缴费每满1年发给1%。个人账户养老金月标准为个人账户储存额除以计发月数；国发〔1997〕26号文件实施前参加工作，本决定实施后退休且缴费年限累计满15年的人员，在发给基础养老金和个人账户养老金的基础上，再发给过渡性养老金。本决定实施后到达退休年龄但缴费年限累计不满15年的人员，不发给基础养老金；个人账户储存额一次性支付给本人，终止基本养老保险关系。

续持续下滑趋势。到 2003 年，实际替代率跌破目标替代率，下滑为 57.5%。2013 年，实际替代率进一步下滑为 43.8%。但从 2014 年起，由于政府财政加大补助力度以及社会平均工资增长率的下降，养老金替代率开始有小幅上升趋势，2016 年替代率缓升为 45.7%。图 2—1 描述了城镇（企业）职工基本养老金相对于在岗职工社会平均工资的实际替代率的变化趋势。

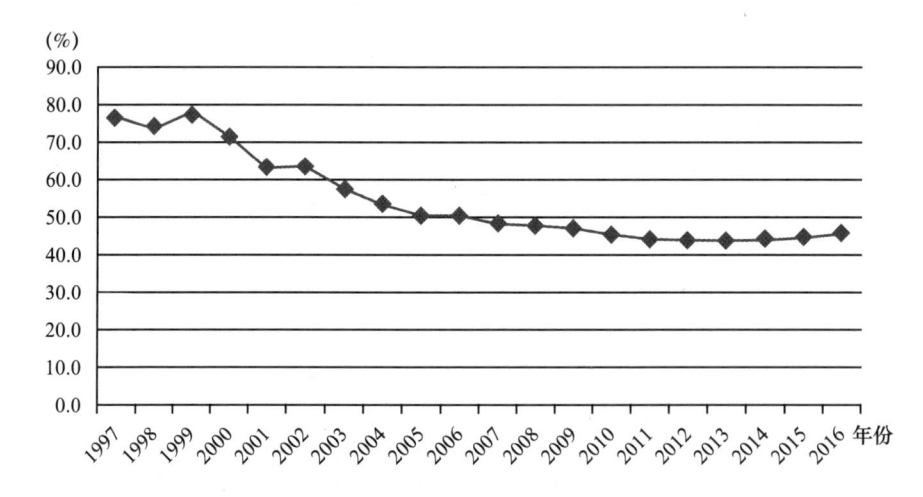

图 2—1　"城职保"实际社会平均工资替代率变化情况

资料来源：根据《中国劳动统计年鉴（2017）》（中国统计出版社 2017 年版）相关数据计算而得。

1997 年以来，基本养老金实际替代率持续下滑，是多种因素共同作用的结果，既有制度外部因素的影响，更有制度内在问题的原因。从表 2—1 可以看出，大多数年份的人均基本养老金支出增长比例低于社会平均工资增长比例，这是基本养老金社会平均工资替代率下降的直接原因。基本养老金支出增长比例低于社会平均工资增长比例，究其实质，与基本养老金的计发办法相关。根据 38 号文的计发办法可以看出，统筹账户和个人账户养老金均会随着社会平均工资的增长而下降，调整机制部分也跟不上社会平均工资的增长。从个人账户来看，其储存额按同期银行一年定期存款利率计入收益，这个收益率远远低于社会平均工资增长率。而且个人账户计发月数只有退休余年的一半左右，个人账户积累额发放完毕后，替代率会进一步降低；基础养老金的计发办法也内生了替代率的下滑。基础养老金的计发基数包括两块，第一块为当地上年度社会平均工资，这块会随社会工资增长而增长。第二块是个人在职期间的指数化缴费，这一块在个人退休后是不会有变化的，正是这一块导致基础养老金不可能随着社会平均工资的增长而同步增长；基本养老金每年大概10%的"调整"水平，低于社会平均工资增长率，因此也不能完全阻止替代率的下滑。[①]

表2—1 "城职保"养老金替代率及相关指标情况 单位：元,%

年份	制度赡养比	人均基本养老金	养老金社会平均工资替代率	城镇在岗职工平均工资	社会平均工资增长率	人均养老金增长率
1997	3.4	4940	76.4	6470	—	—
1998	3.1	5543	74.1	7479	15.6	12.2
1999	3.2	6452	77.3	8346	11.6	17.4
2000	3.3	6674	71.2	9371	12.3	3.4
2001	3.2	6867	63.2	10870	16.0	2.9
2002	3.1	7880	63.4	12422	14.3	14.8
2003	3.0	8080	57.5	14040	13.0	2.5
2004	3.0	8536	53.3	16024	14.1	5.6
2005	3.0	9251	50.4	18364	14.6	8.4
2006	3.0	10564	50.3	21001	14.4	14.2
2007	3.1	12041	48.3	24932	18.7	14.0
2008	3.1	13933	47.7	29229	17.2	15.7

① 李珍、王海东：《基本养老金替代率下降机理与政策意义》，《人口与经济》2010年第6期。

续表

年份	制度赡养比	人均基本养老金	养老金社会平均工资替代率	城镇在岗职工平均工资	社会平均工资增长率	人均养老金增长率
2009	3.1	15317	46.8	32736	12.0	9.9
2010	3.1	16741	45.1	37147	13.5	9.3
2011	3.2	18700	44.0	42452	14.3	11.7
2012	3.1	20900	43.9	47593	12.1	11.8
2013	3.0	22970	43.8	52388	10.1	9.9
2014	3.0	25316	44.1	57361	9.5	10.2
2015	2.9	28236	44.6	63241	10.3	11.5
2016	2.8	31529	45.7	68993	9.10	11.7

资料来源：《中国劳动统计年鉴（2017）》（中国统计出版社2017年版）。

说明：制度赡养比＝参保在职职工总人数÷参保退休职工总人数。

虽然我国从20世纪90年代就开始进入老龄社会，并且老龄化速度日趋加快，但迄今为止人口老龄化因素对基本养老金替代率的影响并不大。自1997年国家开始全面建立城镇（企业）职工基本养老保险制度，政府就一直注重抓制度的"扩面"工作，因此制度的覆盖率有缓慢上升，制度赡养比波动不大，如表2—1所示，近20年内制度赡养比都在3.0上下轻微波动。不过随着人口老龄化步伐加快以及制度"扩面"空间的萎缩甚至结束，预计制度赡养比会持续下降，且未来这一变量将会显示出其越来越重要的理论意义与现实影响。

（二）财政补助对基本养老金实际替代率的影响分析

自20世纪90年代国家建立城镇（企业）职工基本养老保险制度以来，政府财政每年都会对制度予以财政补助支出。与制度的其他参量有所不同，政府财政补助支出对于提高基本养老金替代率的影响，明显是正向的。如表2—2所示，财政补贴基本养老基金的绝对数额增长很快,由 1997 年的 21.3 亿元,猛增至 1999 年的 192.9 亿元,之后每年保持两位数(或以上)的增长,至 2016 年财政补贴支出已达 6511 亿元。表 2—2 表明,人均基本养老基金支出增长率多年保持两位数增长,这其中财政补贴是功不可没的。1997 年是城镇(企业)职工基本养老保险制度全面建立的初年,财政补贴占养老金基金支出的比例为 1.70%,两年后的 1999 年激升为 10.02%,之后财政补贴一直保持两位数的增长,至 2016 年已经达到基金支出的 1/5 强。换言之,1997 年实际养老金替代率为 76.4%,其中有 1.7 个百分点是由政府财政补贴所贡献的;2016 年实际养老金替代率下降到 45.7%,其中政府财政补贴所作贡献率却上升到 20.44%。

表 2—2　　　　财政对"城职保"基金补贴情况　　　单位:亿元,%

年份	财政补贴养老基金	财政补贴养老基金增长速度	养老基金总支出	财政补贴占基金支出比例
1997	21.3	—	1251.3	1.70
1998	24	12.68	1511.6	1.59
1999	192.9	703.75	1924.9	10.02
2000	365.7	89.58	2115.5	17.29
2001	402.5	11.01	2321.3	17.34
2002	454.8	12.99	2842.9	16.00
2003	530	16.54	3122.1	16.96
2004	614	15.85	3502.1	17.53
2005	651	6.03	4040.3	16.11
2006	971	49.16	4896.7	19.83
2007	1157	19.16	5964.9	19.40
2008	1437	24.20	7389.6	19.45
2009	1646	14.54	8894.4	18.51
2010	1954	18.71	10554.9	18.51
2011	2272	16.27	12764.9	17.80

续表

年份	财政补贴养老基金	财政补贴养老基金增长速度	养老基金总支出	财政补贴占基金支出比例
2012	2648	16.55	15561.8	17.02
2013	3019	14.01	18470.4	16.35
2014	3548	17.52	21754.7	16.31
2015	4716	32.92	25812.7	18.27
2016	6511	38.06	31854.0	20.44
2017	8004	22.93	38052.0	21.03

数据来源：《中国统计年鉴（2017）》（中国统计出版社2017年版）；人力资源与社会保障部历年统计公报。

二 "居民保"实际替代率变化及其分析

围绕城乡居民养老保险制度的建立与发展，国务院先后颁布了《关于新型农村养老保险试点的指导意见》（国发〔2009〕32号）、《关于开展城镇居民社会养老保险试点的指导意见》（国发〔2011〕18号）与《关于建立统一的城乡居民基本养老保险制度的意见》（国发〔2014〕8号）。32号文与18号文均规定，养老金待遇由基础养老金和个人账户养老金组成，国家根据经济发展和物价变动等情况，适时调整基础养老金的最低标准。8号文进一步指出，地方人民政府可以根据实际情况适当提高基础养老金标准；对长期缴费的，可适当加发基础养老金，提高和加发部分的资金由地方人民政府支出。因此，城乡居民基本养老金由两部分组成，即基础养老金＋个人账户养老金。[①] 本书根据相关统计

[①] 8号文颁布后，各地方政府根据8号文精神制定了本地方的实施办法，并就基础养老金累进补贴进行了规定。例如《江西省城乡居民基本医疗保险实施办法》指出，对缴费年限超过15年的，在规定基础养老金的基础上，每多缴1年，每月增发2%的基础养老金。提高和加发部分的资金由县（市、区）人民政府支出。这部分奖励性质的增发的养老金数量目前总体数量少，其对养老金实际替代率的影响暂可以忽略不计。

数据，计算 2010—2016 年城乡居民基本养老金的实际替代率，并探讨各相关财务指标对七年来城乡居民基本养老金实际替代率形成的影响程度。

(一) 实际替代率的变化及其因素分析

我国于 2009 年启动新型农村社会养老保险试点，2011 年启动城镇居民社会养老保险试点，2012 年年底实现两项制度的全覆盖，2014 年两项制度合并实施，建立统一的城乡居民基本养老保险制度。因此，本书根据 2009 年以来的相关数据对城乡居民的实际养老金替代率及其变化进行分析研究。关于城乡居民基本养老金替代率的计算，结合城乡居民养老保险制度实施的实际情况，其计算分母可以有两种，一是 2010—2012 年居民基本养老金替代率的计算分母采用农村居民人均可支配收入，2013—2016 年采用城乡一体化口径的居民人均可支配收入作为计算分母；二是全部年份的计算分母均可以采用农村居民可支配收入，这是基于目前城乡居民养老保险制度参保人群中 90% 左右属于农村居民的考虑。

图 2—2 显示，居民基本养老金实际替代率 2010 年为 11.83%，之后基本延续震荡下行的态势，无论其计算分母是农村居民人均可支配收入还是城乡一体化口径的居民人均可支配收入。2011 年实际替代率下降为 9.79%，2012 年上升为 11.10%，从 2013 年开始延续先下降后上升又下降的趋势，与 2010 年相比，替代率总体上呈下降态势。

城乡居民基本养老金实际替代率震荡下降的现状，分析其原因，主要与以下两大因素有关：一是城乡居民的年人均养老金大大低于同期居民人均可支配收入，其增长率在半数年份是低于后者的，这不但导致养老金的实际替代率过低，也导致 2016 年的实际替代率低于 2010 年的数据。二是城乡居民养老保险的制度赡养

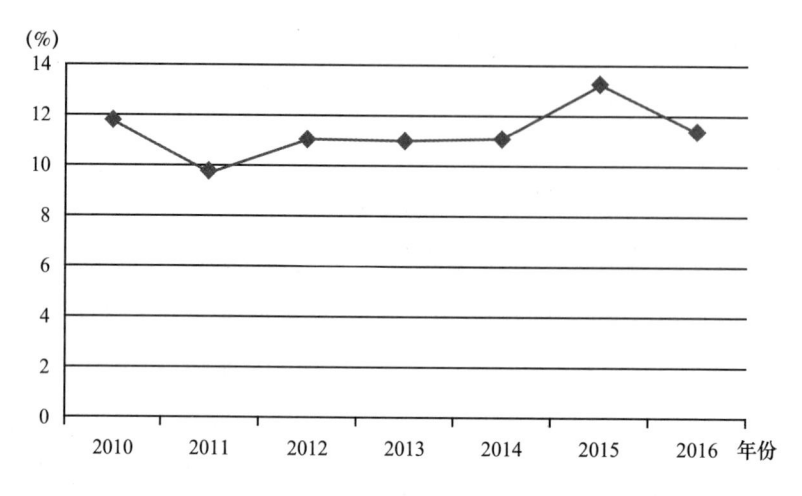

图 2—2 居民养老金人均可支配收入替代率的变化情况

资料来源：根据《中国劳动统计年鉴（2016）》（中国统计出版社 2016 年版）相关数据计算。

说明：2010—2016 年替代率计算基数均为农村居民人均可支配收入。

比。虽然该制度赡养比在 2012 年前是上升的（2012 年实现制度全覆盖），但随着人口老龄化的不断发展，之后的制度赡养比必定是不断下降的。制度赡养比越低，表明退休领取待遇的人数相比制度缴费的人数越来越多，因此制度赡养比下降会降低基本养老金的实际替代率（见表 2—3）。

表 2—3　　"居民保"基本养老金人均可支配收入替代率及相关指标情况　　单位：%

年份	制度赡养比	人均养老金	人均养老金增长率	居民人均可支配收入	居民人均可支配收入增长率	养老金居民人均可支配收入替代率
2010	2.59	700	—	5919	14.86	11.83
2011	2.79	683	-0.02	6977	17.88	9.79
2012	2.70	879	28.70	7917	13.47	11.10
2013	2.61	979	11.38	8896/**18311**	12.37/**131.29**	11.01/**5.35**

续表

年份	制度赡养比	人均养老金	人均养老金增长率	居民人均可支配收入	居民人均可支配收入增长率	养老金居民人均可支配收入替代率
2014	2.50	1098	12.16	9892/**20167**	11.20/**10.14**	11.10/**5.45**
2015	2.41	1430	30.24	10772/**21966**	8.90/**8.92**	13.28/**6.51**
2016	2.33	1408	-0.01	12363/**23821**	14.77/**8.45**	11.39/**5.91**

数据来源：人力资源与社会保障部历年统计公报，《中国劳动统计年鉴2016》（中国统计出版社2016年版）。

说明：1. 制度赡养比 =（参保人数 - 领取待遇人数）÷ 领取待遇人数×100%；

2. 关于养老金居民人均可支配收入替代率，2013—2016年加粗部分的替代率的计算分母为城乡一体化口径的居民人均可支配收入，其余替代率的计算分母皆为农村居民人均可支配收入。

（二）财政补助对基本养老金实际替代率的影响分析

从2009年国家试点新型农村社会养老保险和2011年试点城镇居民养老保险以来，城乡居民养老保险工作成效显著，2012年便实现了制度的全覆盖，覆盖率及参保水平基本达到了相关文件提出的目标。与城镇职工基本养老保险制度有所不同，居民基本养老保险制度能在短期内建立并快速顺利推行，政府在其中所承担的责任尤其是财政补助责任起到了关键作用。从表2—4可以看出，2010年城乡居民养老基金支出200.4亿元，财政补贴支出却达到了210.97亿元，超过了前者数量，2011年情况亦是如此，这反映出政府财政为推进居民养老保险制度所给予的大力支持。之后几年，财政补助投入一直保持高位增长态势，由此财政补贴所占居民养老保险基金支出比例每年都在96%以上，这一方面充分表明了财政支持是城乡居民养老保险制度得以推行的关键，另一方面财政补助客观上构成了城乡居民基本养老金替代率的绝大比例，个人缴费所占比例过低。

表 2—4　　　　财政对"居民保"基金补贴情况　　　　单位：亿元，%

年份	财政补贴养老基金	财政补贴养老基金增长速度	养老基金支出	财政补贴占基金支出比例
2010	210.97	—	200.4	105.28
2011	676.32	220.58	598.3	113.04
2012	1181.91	74.76	1149.7	102.80
2013	1340.03	13.38	1348.3	99.39
2014	1544.81	15.28	1571.2	98.32
2015	2039.66	32.03	2116.7	96.36
2016	2132.11	4.53	2150.0	99.17
2017	2370.0	11.16	2372.0	99.93

数据来源：人力资源与社会保障部历年统计公报，《中国统计年鉴（2016）》（中国统计出版社 2016 年版）。

说明：居民养老保险基金财政补贴＝基金总收入－征缴收入－基金投资收益（上年滚存结余×银行一年定期存款利率）－其他收入（如捐赠收入投资收入等，按总收入的1.3%计算）。

第三节　财政补助模式与基本养老金实际替代率

上文表明，财政补助对城镇企业职工和城乡居民基本养老金实际替代率的大小影响甚大。对于城镇企业职工基本养老保险，2016 年的政府财政补助提高了其养老金实际替代率的 1/5 强；对于城乡居民养老保险，历年来的政府财政补助更是构成了其养老金实际替代率的 96% 以上。然而，大规模的财政补助并没有有效阻止基本养老金实际替代率的下滑，实际替代率与目标替代率有渐行渐远之势。因此，十分有必要对基本养老保险制度进行财务分析，探讨其实际替代率下滑的根本原因，再研究不同财政补助模式如何影响实际替代率的大小。

一 基本养老保险制度财务状况及其分析

表2—5与表2—6说明基本养老保险制度历年来养老基金的当期征缴收入、基金总支出、当期结余以及财政补贴情况。从总量上看，在制度运行的26年（"城职保"）和7年（"居民保"）里，基金征缴收入、基金总支出与财政补贴都呈现快速增长趋势。"城职保"的当期征缴收入、基金总支出与财政补贴分别由1991年的216亿元、173.1亿元和0亿元，增加到2016年的26768亿元、31854亿元和6511亿元；"居民保"的当期个人缴费、基金总支出与财政补贴分别由2010年的225亿元、200.4亿元和210.97亿元，增加到2016年的732亿元、2150亿元和2132.11亿元。

表2—5   "城职保"基金历年收支状况   单位：亿元,%

年份	基金征缴收入	基金征缴收入增速	基金总支出	基金支出增速	基金当年结余	财政补贴基金	财政补贴基金支出占政府财政收入比例
1991	216	—	173.1	—	42.6	—	—
1992	366	70	321.9	86	43.8	—	—
1993	504	38	470.6	46	32.9	—	—
1994	707	40	661	40	46.4	—	—
1995	950	34	847.6	28	102.5	—	—
1996	1172	23	1031.9	22	139.9	—	—
1997	1337	14	1251.3	21	86.6	21.3	0.3
1998	1353	1	1511.6	21	−158.6	24	0.3
1999	1595	18	1924.9	27	−329.9	192.9	1.7
2000	1869	17	2115.5	10	−246.5	365.7	2.7
2001	2092	12	2321.3	10	−229.5	402.5	2.5

续表

年份	基金征缴收入	基金征缴收入增速	基金总支出	基金支出增速	基金当年结余	财政补贴基金	财政补贴基金支出占政府财政收入比例
2002	2551	22	2842.9	22	-291.5	454.8	2.4
2003	3044	19	3122	10	-78	530	2.4
2004	3585	18	3502	12	80	614	2.3
2005	4312	20	4040	15	272	651	2.1
2006	5215	21	4897	21	308	971	2.5
2007	6494	25	5965	22	529	1157	2.3
2008	8011	23	7390	24	626	1437	2.3
2009	9534	19	8894	20	640	1646	2.4
2010	11110	17	10555	19	555	1954	2.4
2011	13956	26	12765	21	1191	2272	2.2
2012	16467	18	15562	20	905	2648	2.3
2013	18634	13	18470	19	164	3019	2.3
2014	20434	10	21755	18	-1321	3548	2.5
2015	23016	13	25813	19	-2797	4716	3.1
2016	26768	16	31854	23	-5086	6511	4.1

数据来源：人力资源与社会保障部历年统计公报，《中国统计年鉴（2016）》（中国统计出版社2016年版）。

表2—6　　　　　"居民保"基金历年收支状况　　　　单位：亿元，%

年份	基金个人缴费	基金个人缴费增速	基金总支出	基金支出增速	基金当年结余	财政补贴养老基金	财政补贴占政府财政收入比例
2010	225	—	200.4	—	24.6	210.97	0.25
2011	421	87	598.3	3	-177.3	676.32	0.65
2012	594	41	1149.7	92	-555.7	1181.91	1.01
2013	636	7	1348.3	17	-712.3	1340.03	1.04

续表

年份	基金个人缴费	基金个人缴费增速	基金总支出	基金支出增速	基金当年结余	财政补贴养老基金	财政补贴占政府财政收入比例
2014	666	5	1571.2	17	-905.2	1544.81	1.10
2015	700	5	2116.7	35	-1416.7	2039.66	1.34
2016	732	5	2150.0	2	-1418	2132.11	1.34

数据来源：人力资源与社会保障部历年统计公报，《中国统计年鉴（2016）》（中国统计出版社2016年版）。

从基金当期收支规模来看，"城职保"的这26年可分为四个明显的发展阶段：第一阶段：1991—1997年，基金收支呈现较低水平的平衡。这段时期是"城职保"的探索试点时期，覆盖面和支出规模都较小，基金结余量为小规模的正数。第二阶段：1998—2003年，基金连续6年出现收支逆差。一方面此阶段恰逢国企改革加速，部分企业经营困难导致拖欠缴费现象突出；另一方面1998年国家开始全面建立"城职保"，参保覆盖面逐步扩展，支出规模增加。从1997年开始国家财政开始对"城职保"基金支出进行补贴，1998年的财政补贴为24亿元。第三阶段：2004—2013年，基金收支规模均加速增长，当期结余额大幅上升。2004年基金恢复当期收支平衡，随后9年内结余额呈现先增长后下降的趋势。此阶段基金当期结余额正增长得益于征缴工作的加强，与此同时财政补贴翻了近五番。第四阶段：2014年至今，基金收支规模继续加速增长，但当期结余额由正转负，收支缺口快速扩展，由2014年的-1321亿元增加到2016年的-5086亿元。这个阶段政府财政补贴额继续快速增加。

从"居民保"基金当期收支规模来看，制度运行的7年大致可分为两个发展阶段：第一阶段：2010年，基金收支有结余。"新农保"2009年开始试点，政府为支持制度发展，于2010年财政补贴210.97亿元。第二阶段：2011—2016年，基金收支快速逆差。制度运行的第二年，基金收支就开始出现不平衡，并且逆差规模不断发展。这阶段政府财政补贴也快速增加，由2011年的676.32亿元猛增到2016年的2132.11亿元。

除了财政补贴绝对数额的快速增长，财政补助基本养老金支出占政府财政收入比例也逐年上升且增速较大，例如"城职保"的财政补助支出从1998年的0.25%增加到2016年的4.08%，19年间比例上升16倍多；"居民保"的财政补助支出从2010年的0.25%上升到2016年的1.34%，7年间增速强劲。与不断增长的基金征缴收入、基金总支出与财政补助相对应的是，基本养老金替代率却呈下滑之态势，"城职保"的实际替代率由1997年的76.4%跌至2016年的45.7%；"居民保"的替代率由2010年的11.83%降到2016年的11.39%（或5.91%）。

综上所述，基本养老保险制度的财务状况是，一方面基金征缴收入、基金总支出与财政补贴在持续增加，与此同时由于多数年份的"城职保"和"居民保"基金支出增速大于基金征缴收入增速（见表2—5、表2—6），另一方面基金的当期结余以及基本养老金的实际替代率情况愈来愈不容乐观，这反映出基本养老保险基金自身的不平衡问题以及对政府财政的日益依赖。

二　财政补助模式与实际替代率的关系

到目前为止，财政补贴基本养老基金支出占政府财政收入比例还没达到警戒线，但不可否认的是，财政补贴所占基本养老基金支出的比例确实不低（见表2—3、表2—4），随时间推移该指标很可能会持续提高，这种状况是不可持续的。我国在经历三十几年的高速经济增长后进入经济新常态，财政收入已经进入低速增长时期，一如既往地对基本养老基金进行高增速财政投入是不可能的。基本养老保险制度属于社会保险，社会保险首先应该追求基金的自我平衡，制度目前的收支缺口问题除了受到人口老龄化因素的客观影响，主要还是制度自身的不完善因素造成的，因此基本养老金实际替代率的下降主要是与制度本身的不健康相关，非财政补贴规模大小的原因。一味地对基本养老基金进行兜底补贴，并不能阻止基金财务状况的恶化，只会把政府财政拖入不可预测的深渊，因此基本养老保险制度必须进行改革，以追求基金的自我平衡。本书认为，除此之外还应改革基本养老保险制度的财政补贴模式，防止基金对政府财政补贴的过分依赖，避免产生政府财政风险，长远来看有利于基本养老金实际替代率跳出不断下滑的困境。以下就对原财政补贴模式下的基本养老金实际替代率和目标替代率与财政固定比例补贴模式下的相关指标进行比较分析，以形成对何种财政补贴模式更优的客观认识。

（一）原财政补贴模式下的实际替代率

由于多支柱养老保险体系至今未真正形成，因此本书将1997—2016年"城职保"的目标替代率定为在岗职工社会平均工资的60%，2010—2016年"居民保"的目标替代率定为居民人均可支配收入的50%。表2—7列举了"城职保"与"居民保"实际替代率的变化以及与目标替代率的比较。"城职保"从2003年起跌破60%的目标替代率，为57.5%，之后基本延续下滑态势。有学者估计，按照目前制度运行下去，21世纪末"城职保"基本养老金替代率会下降到20%左右。[①]"居民保"的实际替代率则一直与其目标替代率相去甚远，并且呈下降趋势。

---

① 郑伟：《〈中国养老金发展报告2017〉发布会发言》，2018年2月22日（http://ex.cssn.cn/zx/bwyc/201801/t20180104_3803809.shtml）。

表2—7　　基本养老保险制度的实际替代率与目标替代率　　单位:%

年份	"城职保"目标替代率	"城职保"实际替代率	"居民保"目标替代率	"居民保"实际替代率
1997		76.4		—
1998		74.1		—
1999		77.3		—
2000		71.2		—
2001		63.2		—
2002		63.4		—
2003		57.5		—
2004		53.3		—
2005		50.4		—
2006	60%	50.3	50%	—
2007		48.3		—
2008		47.7		—
2009		46.8		—
2010		45.1		11.83
2011		44.0		9.79
2012		43.9		11.10
2013		43.8		11.01/**5.35**
2014		44.1		11.10/**5.45**
2015		44.6		13.28/**6.51**
2016		45.7		11.39/**5.91**

说明:表中黑体部分数据计算同表2—3。

(二) 财政固定比例补贴模式下的实际替代率

德国基本养老保险制度实行典型的相对固定比例财政补贴模式,其2012年与2013年的财政补贴相当于当期缴费收入的31%。[①] 本书亦以缴费收入的31%作为计算"城职保"财政补贴

[①] 《德国的基本养老保险制度概况》,2018年3月5日,中华人民共和国财政部网站(http://zys.mof.gov.cn/pdlb/tszs/201601/t20160122_1655079.htm)。

的标准，假设并计算财政固定比例补贴模式下"城职保"的财政补贴数额以及相应的实际替代率。表2—8数据表明，在固定比例补贴模式下的财政补贴数额以及实际替代率，比同期"兜底"补贴模式下的都要高。另外，财政补贴占同期财政收入的比例也更高但变动幅度不大，在4.5%上下波动。固定比例补贴模式下，2004年开始实际替代率跌破60%的目标替代率，比兜底财政模式下的偏离要晚一年，而且偏离的速度放缓。这也从另一个角度说明，财政补贴并不是挽救基本养老金目标替代率的根本。另外，至2016年为止固定比例补助模式下的财政补助数额以及占同期财政收入比例，相对于兜底模式下的相应指标都要高些，但在我国人口老龄化不断演进的背景下，基本养老金征缴收入及其增速是可预期的，因此固定比例补助模式下的财政补助数额亦是可预期的，财政风险是可控的。

表2—8　固定补贴模式下"城职保"财政补贴与实际替代率

单位：亿元,%

年份	财政补贴	财政补贴占财政收入比例	实际替代率	实际替代率同比提高
1998	419.4	4.2	79.40	5.29
1999	494.5	4.3	80.91	3.61
2000	579.4	4.3	73.50	2.28
2001	648.5	4.0	65.43	2.26
2002	790.8	4.2	66.14	2.71
2003	943.6	4.3	60.56	2.95
2004	1111.4	4.2	56.37	3.10
2005	1336.7	4.2	54.11	3.74
2006	1616.7	4.2	53.38	3.08
2007	2013.1	3.9	51.72	3.43

续表

年份	财政补贴	财政补贴占财政收入比例	实际替代率	实际替代率同比提高
2008	2485.0	4.1	51.26	3.59
2009	2955.5	4.3	50.79	4.00
2010	3444.1	4.1	49.08	4.01
2011	4326.4	4.2	48.89	4.84
2012	5104.8	4.4	49.08	5.16
2013	5776.5	4.5	49.12	5.27
2014	6334.5	4.5	48.99	4.86
2015	7135.0	4.7	48.48	3.83
2016	8298.1	5.2	48.26	2.56

与城镇劳动者相比较，农民（居民）收入较低，且没有雇主为其缴纳社会保险费，因此各国农民（居民）基本养老保险一般都是在其政府主导下进行的，政府在某种程度上充当农民（居民）雇主的角色，帮其缴费，为农民（居民）基本养老保险提供大量财政补贴。从世界范围来看，农民（居民）基本养老保险筹资中农民（居民）缴费所占比例非常低，一般在10%—30%。在此本文假设中国农民（居民）基本养老保险财政补贴采用固定比例补贴模式，并假设以基金收入80%作为财政补贴标准，在此基础上计算2010—2016年政府对"居民保"财政补贴的数额及其实际替代率。

表2—9显示，与"城职保"类似，固定比例补贴模式下"居民保"的财政补贴数额以及实际替代率，亦比同期原补贴模式下的都要高，而且财政补贴占同期财政收入的比例也更高且变动幅度较大，这与"居民保"的制度新建属性有关。固定比例补贴模式下的"居民保"实际替代率相比目标替代率亦相距甚远，

但比兜底财政模式下的实际替代率高出了三成左右。这同样说明，要提高"居民保"的实际替代率，根本途径并不在于大规模提高财政补贴。

表2—9　固定补贴模式下"居民保"的财政补贴与实际替代率

单位:%，亿元

年份	基金收入	财政补贴	财政补贴占财政收入比例	实际替代率	实际替代率同比提高
2010	453.4	362.7	0.4	14.39	2.56
2011	1110.1	888.1	0.9	12.83	3.04
2012	1829.2	1463.4	1.2	14.66	3.56
2013	2052.3	1641.8	1.3	14.4/**7.00**	3.39/**1.65**
2014	2310.2	1848.2	1.3	14.17/**6.95**	3.07/**1.50**
2015	2854.6	2283.7	1.5	15.55/**7.62**	2.27/**1.11**
2016	2933.0	2346.4	1.5	13.12/**6.81**	1.73/**0.90**

说明：表中黑体部分数据计算同表2—3。

第四节　小结与政策含义

本章分析了政府财政责任对基本养老保险制度财务状况、养老金替代率的影响。对"城职保"的研究表明：第一，历年基金收支在增长，但当期缺口不断扩大。在现有的"兜底式"财政补贴模式下，政府财政对基金补助支出的规模持续增加，1998年财政补贴基金支出占政府财政收入比例0.3%，2016年上升到4.1%，然而并没有有效阻止基本养老金实际替代率的下滑趋势，基本养老金替代率从1998年的74.1%下降为2015年的44.7%。这说明，要解决"城职保"替代率不断下降的问题，根本途径不在于增加财政补贴。第二，本章利用1998年至2016年的相关数据，对财政兜底补贴模式与财政固定比例补贴模式下的实际替代率进行比较。研究表明，后者的财政补贴数额及其占政府财政收入比例都相对较高，但较大幅度提升了"城职保"的实际替代率。

对"居民保"的研究表明：第一，近7年基金收支增速变化较大，基金当期缺口大幅扩大，在现有的财政补贴模式下，政府财政对基金补助支出的规模亦持续大幅增加，财政补贴基金支出占政府财政收入比例2010年为0.25%，2016年上升到1.34%，亦没有根本改变养老金实际替代率的下滑趋势，养老金替代率从2010年的11.83%下降为2016年的11.39%（或5.91%）。这同样说明，要解决"居民保"替代率不断下降的问题，需要对制度本身进行改革。第二，本章利用2010年至2016年的相关数据，对现有财政补贴模式与财政固定比例补贴模式下的"居民保"实际替代率进行比较。研究表明，后者的财政补贴数额及其占政府财政收入比例都相对较高，但同样较大幅度提升了"居民保"的实际替代率。而且由于财政补贴的可预期性和可控性，财政补贴对政府财政的冲击就是可控的。

老龄化背景下我国呈现退休人口数量快速增加而新增缴费人数增速放缓的发展趋势，若要维持一定水平的基本养老金替代率，未来基本养老基金的收支缺口将快速扩大。与此同时，我国财政收入增长已步入新常态，未来将长期保持中低速增长，财政补助能力与基金对财政兜底补助需要之间的差距预计将不断扩大，图2—3预示了这种趋势的发展。因此，本书认为：其一，要挽救基本养老保险制度的实际替代率，根本途径在于对制度本身进行改革，改善基金财务状况，以实现基金的自我平衡。另外，在人口老龄化不断发展的背景下，要实现基本养老保险制度基金自我平衡，离不开多支柱养老保险体系的支撑。若多支柱养老保险体系建立并发展起来,基本养老保险的目标替代率就可以下降,显著减轻基本养老保险基金的支付压力。其二,要使养老金实际替代率持续跟上目标替代率,还须改革现有的财政补贴模式,不再对基本养老保险基金进行兜底补助,以激励并促进制度实现其基金平衡。

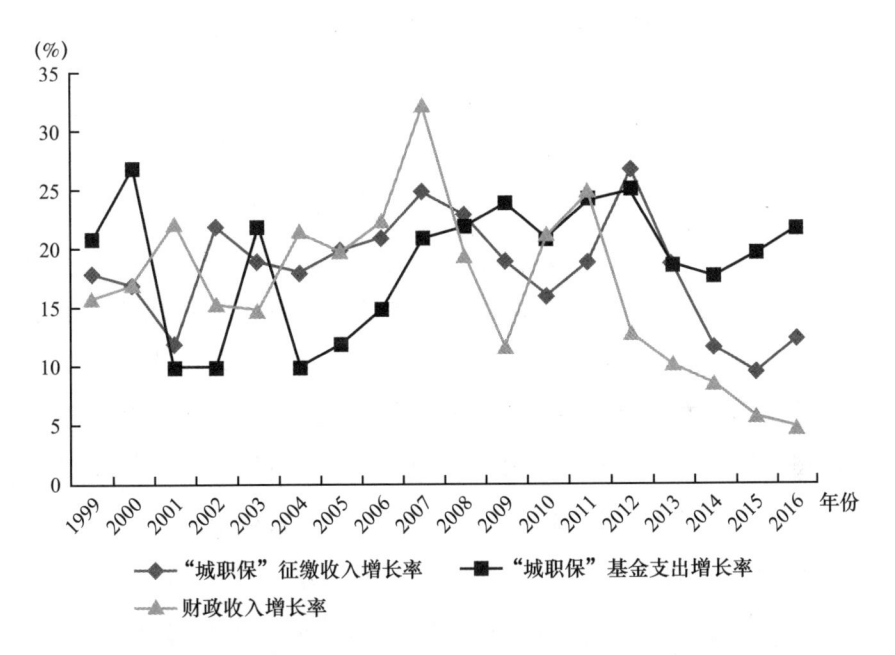

图 2—3 基本养老保险基金收支增长与财政收入增长情况

数据来源:《中国劳动统计年鉴(2016)》(中国统计出版社 2016 年版)。

第三章

财政责任与基本养老保险均等化的关系研究与评估

基本公共服务均等化是当今世界大多数国家社会发展的基本特征，它对建设更加公正、更具包容性和更公平的社会至关重要。基于此，2011年联合国提倡"人人均享基本社会服务"理念并力促在全球的推行。我国国务院于2012年印发了《国家基本公共服务体系"十二五"（2011—2015）规划》通知，阐明国家基本公共服务的制度安排包括基本范围、国家标准和工作重点。[①] 2017年国务院颁发《国家基本公共服务体系"十三五"（2016—2020）规划》，提出至2020年总体实现基本公共服务的均等化。基本养老保险是基本公共服务的重要内容，与其他基本公共服务均等化一样，基本养老保险均等化要求全体国民享有大致均等的基本养老保险权利与待遇。

2011年以来，按照《国家基本公共服务体系规划》的要求，我国积极推进基本养老保险的均等化并取得较大进展，2012年实现了基本养老保险制度全覆盖，至2017年部分实现了基本养老保险制度的一体化目标，但基本养老保险的均等化工作仍面临着基

---

① 唐天伟、韩玲、曹清华：《我国城乡基本公共服务均等化标准研究》，《人民日报》（内参）2014年4月11日。

本养老保险待遇区域间、群体间差距较大的问题。本章从探讨政府财政责任与基本养老保险均等化之间关系的角度出发，研究我国政府财政责任如何影响基本养老保险的均等化，以及如何调整政府在基本养老保险制度中的财政责任以促进其均等化。

第一节 基本养老保险待遇的均等化现状

基本养老保险待遇的均等化，并不意味着每个老年人所获得的养老金或养老服务在数量上一致，而是指每位老年人由此获得的最基本生存与发展条件或权益均等，政府应该通过系列努力保证国民在年老后能够获得均等的基本生活水平。基本养老保险待遇的均等化，其实质是要求基本养老保险制度对收入差距起到"调节器"的作用，既要顾及城乡之间、各地区之间也要顾及不同职业身份群体之间的收入差距调节。近年来基本养老保险制度城乡一体化成效明显，城乡居民基本养老保险制度合并实施，因此本书认为现今基本养老保险待遇均等化问题主要体现不同区域之间以及不同职业身份群体之间，以下从区域间的、群体间的均等化来进行分析研究。

一 区域间基本养老保险均等化现状

（一）区域间"城职保"待遇水平的现状

由于各地区城镇在岗职工的平均工资水平以及生活水平的差异，衡量"城职保"养老金待遇水平不能单纯看基本养老金人均支出的大小，主要应分析各地区基本养老金的工资替代率情况。自"城职保"建立以来，我国各地区的城镇职工基本养老保险都得到了不同程度的发展，但同时各区域之间基本养老保险的待遇差距亦逐渐凸显。从表3—1可以看出，全国基本养老金年人均支出的平均水平为 28236 元，基本养老金工资替代率的平均水平为 44.7%。[①] 全国范围内基本养老金替代率最高的是山西省为 61.6%，最低的是重庆市为 35.1%，后者替代率水平为前者的一半稍多。全国 31 个地区中有 14 个地区的基本养老金替代率低于全国平均水平。图 3—1 直观显示，区域间的基本养老金替代率水平参差不齐。

表 3—1　　2015 年"城职保"养老金水平的区域差距　单位：元/年，%

区域		基本养老金人均支出	城镇在岗职工平均工资	基本养老金替代率	区域		基本养老金人均支出	城镇在岗职工平均工资	基本养老金替代率
全国平均		28236	63241	44.7	中部	湖南	23019	53889	42.7
东部	北京	40790	113073	36.1	西部	内蒙古	27150	57870	46.9
	天津	30929	81486	38.0		广西	25195	54983	45.8
	河北	30877	52409	59.0		重庆	21797	62091	35.1
	上海	43730	109279	40.0		四川	22174	60520	36.6
	江苏	27084	67200	40.3		贵州	25549	62591	40.8
	浙江	27770	67707	41.0		云南	27011	55025	49.1
	福建	29504	58719	50.3		西藏	49474	110980	44.6
	山东	33283	58197	57.2		陕西	29542	56896	51.9
	广东	31175	66296	47.0		甘肃	28168	54454	51.7
	海南	25403	58406	43.5		青海	36944	61868	59.7
中部	山西	32622	52960	61.6		宁夏	29547	62482	47.3
	安徽	24544	56974	43.1		新疆	31680	60914	52.0
	江西	22836	52137	43.8	东北	辽宁	27216	53458	50.9
	河南	26709	45920	58.2		吉林	22284	52927	42.1
	湖北	25048	55237	45.3		黑龙江	25965	51241	50.7

数据来源：根据《中国社会统计年鉴（2016）》（中国统计出版社 2016 年版）计算而得。

---

① 若对各地区基本养老金替代率进行加总再平均，所得"城职保"全国平均的基本养老金替代率为 46.8%。本书按照前一种方法计算全国平均基本养老金替代率，即用全国人均基本养老金支出除以全国在岗职工平均工资，再乘以 100%。

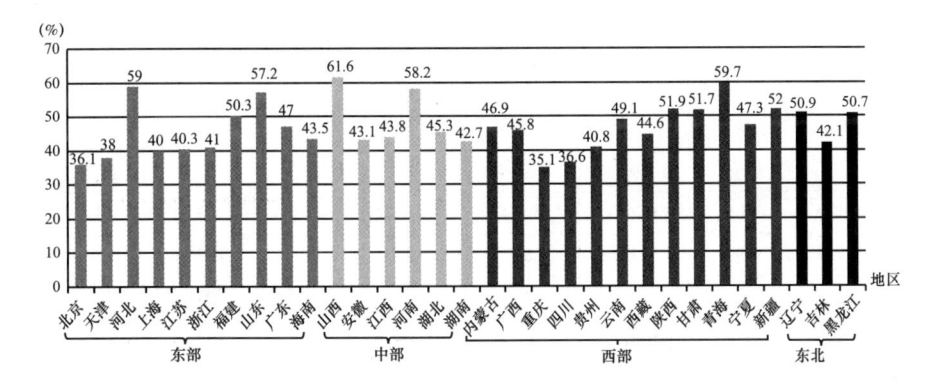

图 3—1 2015 年"城职保"养老金水平的区域差距

(二) 区域间"居民保"待遇水平的现状

与"城职保"同理,评估"居民保"基本养老金水平的均等化状况,主要指标是"居民保"基本养老金的收入替代率,即用基本养老金人均支出与居民人均可支配收入的比值。表 3—2 显示,2015 年全国"居民保"基本养老金年人均支出的平均水平为 1430 元,基本养老金人均可支配收入的替代率平均水平为 6.5%。[①] 其中基本养老金替代率最高的是北京市为 22.2%,最低的是福建省为 5.2%,后者水平仅为前者的 1/4 多些。全国 31 个地区中有 9 个地区的"居民保"养老金替代率低于全国平均水平。从图 3—2 可以看出,各地区之间的基本养老金替代率水平差距甚大。

表 3—2   2015 年"居民保"养老金水平的区域差距   单位:元/年,%

区域	基本养老金人均支出	居民人均可支配收入	基本养老金替代率	区域		基本养老金人均支出	居民人均可支配收入	基本养老金替代率
全国平均	1430	21966	6.5	中部	湖南	1066	19317	5.5

---

① 若对各地区基本养老金替代率进行加总再平均,所得"居民保"全国平均的基本养老金替代率为 9.2%。在此本书亦按照前一种方法计算全国平均基本养老金替代率,即用全国人均基本养老金支出除以全国居民人均可支配收入,再乘以 100%。

续表

区域		基本养老金人均支出	居民人均可支配收入	基本养老金替代率	区域		基本养老金人均支出	居民人均可支配收入	基本养老金替代率
东部	北京	6709	30240	22.2	西部	内蒙古	1796	22310	8.1
	天津	3592	13256	18.7		广西	1234	16873	7.3
	河北	1062	10910	18.5		重庆	1429	20110	7.1
	上海	9938	49867	20.0		四川	1315	17221	7.6
	江苏	2092	29539	7.1		贵州	1062	13697	7.8
	浙江	2602	35537	7.3		云南	1063	15223	7.0
	福建	1326	25404	5.2		西藏	1674	12254	13.7
	山东	1355	22703	6.0		陕西	1479	17395	8.5
	广东	1892	27859	6.8		甘肃	1223	13467	9.0
	海南	1905	18979	10		青海	1755	15813	11.1
中部	山西	1213	17854	6.8		宁夏	1840	17329	11.0
	安徽	1069	18363	6.0		新疆	1646	16859	10.0
	江西	1117	18437	6.1	东北	辽宁	1504	24576	6.1
	河南	1180	17125	6.9		吉林	1147	18684	6.1
	湖北	1125	20026	5.6		黑龙江	1047	18593	5.6

数据来源：根据《中国社会统计年鉴（2016）》（中国统计出版社 2016 年版）计算而得。

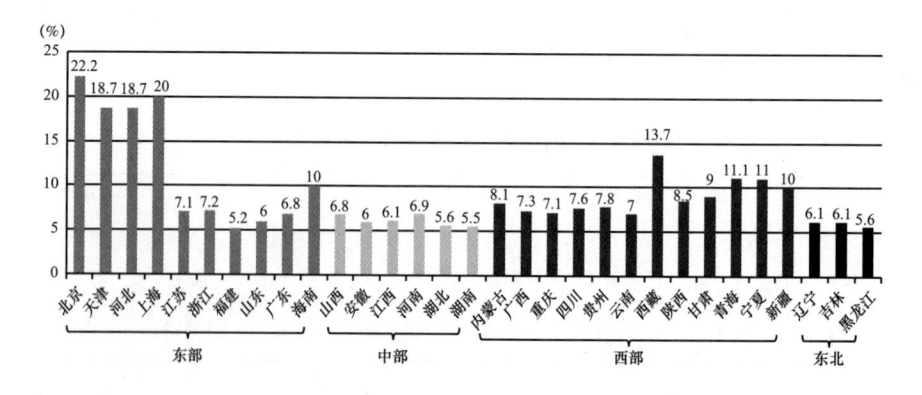

图 3—2　2015 年"居民保"养老金水平的区域差距

二 群体间基本养老保险均等化现状

1994年，国家开始了对事业单位实行城镇职工基本养老保险制度的试点，2015年国务院印发《关于机关事业单位工作人员养老保险制度改革的决定》，所有机关单位人员被纳入城镇职工基本养老保险制度之内，不过机关事业单位职工养老保险基金与企业职工养老保险基金是分立并行的，基本养老金待遇也是有较大差异的。所以，在此可根据享受基本养老保险待遇的差别，把受保障人群分为机关事业单位职工、企业职工以及城乡居民，并分析他们获得的基本养老金待遇水平的差距。（见表3—3）

表3—3　　　　我国不同群体的基本养老金水平　　　　单位：元/年·人

年份	机关事业单位①	企业②	城乡居民③	①÷③	①÷②	①的替代率	②的替代率	③的替代率
1999	5154	6506	—	—	0.8	0.62	0.78	—
2000	9479	6531	—	—	1.5	1.01	0.70	—
2001	9766	6674	—	—	1.5	0.90	0.61	—
2003	13383	6118	757	17.7	2.2	0.95	0.44	0.29
2005	15043	8722	685	22.0	1.7	0.82	0.48	0.21
2007	19795	11342	1020	19.4	1.8	0.79	0.47	0.25
2009	21956	14747	488	45.0	1.5	0.67	0.45	0.09
2011	26107	18096	684	38.2	1.4	0.62	0.43	0.10
2013	31086	22367	979	31.8	1.4	0.59	0.43	0.11/0.54
2014	32915	24766	1098	30.0	1.3	0.57	0.43	0.11/0.55
2015	44126	27108	1430	30.9	1.6	0.70	0.43	0.13/0.65

数据来源：根据《中国劳动统计年鉴（2016）》（中国统计出版社2016年版）、《中国统计年鉴（2016）》（中国统计出版社2016年版）计算而得。

说明：2011年国家开始城镇居民养老保险制度，因此2003—2010年的城乡居民人均养老金为新型农村养老保险人均养老金。

①②的替代率分别为机关事业单位人员人均养老金、企业职工人均养老金与在岗职工平均工资的比值；③的替代率为城乡居民人均养老金与农村居民人均收入或城乡居民人均可支配收入的比值。

图 3—3 显示，三种群体之间的基本养老保险待遇差距是十分明显的。除了 1999 年之外，2000 年以来的企业职工养老保险金均低于机关事业单位人员的养老金，两者比值总体呈现震荡下降的趋势；城乡居民人均养老金与机关事业单位人均养老金差距悬殊，后者是前者的十几倍乃至 40 多倍。从养老金替代率比较来看，机关事业单位养老金替代率高于企业职工养老金替代率，两者的替代率均大大高于城乡居民养老金替代率。

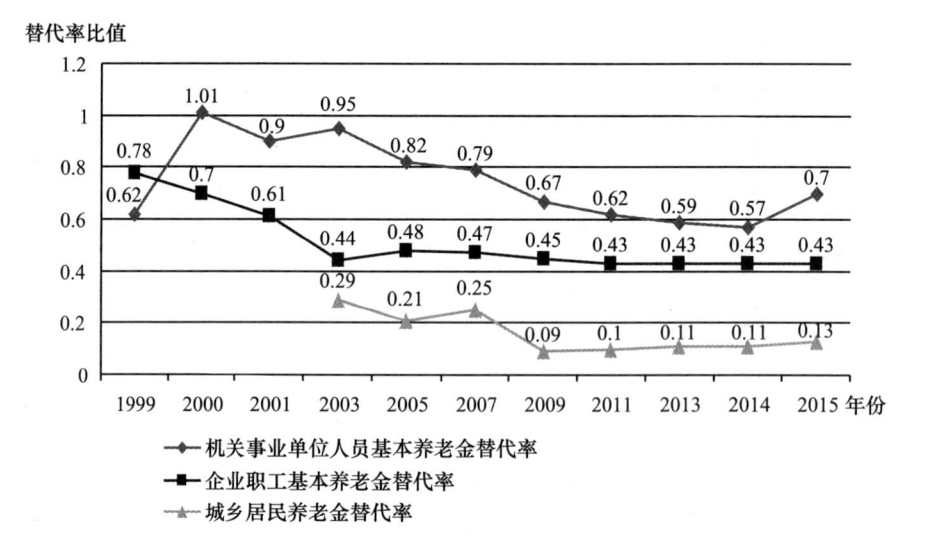

图 3—3 基本养老金水平的群体间差距

三 基本养老保险均等化的影响因素分析

如前所述，自从基本养老制度建立并逐步推广以来，我国各地区及针对不同人群的基本养老保险都得到了不同程度的发展，但同时各种问题开始显现：一方面是整体基本养老保险待遇水平低，基本养老金替代率普遍低于目标替代率（机关事业单位是个例外，其基本养老金替代率多数年份高于目标替代率）；另一方面则是各区域间、各群体间的基本养老保险待遇差距逐渐凸显。

基本养老保险待遇的区域及群体差距问题继其收入差距问题之后，成为政府和社会关心的重点问题之一。为此，党和政府提出要把实现"基本公共服务均等化""基本养老保障均等化"作为工作的重点。在此背景下，分析基本养老保险区域及群体差异的具体状况，研究哪些因素影响我国基本养老保险制度从而导致其待遇的区域及群体间差距且其影响程度如何，是形势所需。

（一）基本养老保险区域均等化的影响因素分析

有研究者利用全国 31 个省市的数据分析了 2001—2010 年我国各区域基本养老保险待遇水平的差异，发现各区域的基本养老保险在制度覆盖率、养老金人均给付额、养老金平均替代率、养老基金收支比例和养老基金结余状况都存在较大差距，绝对差距（极差、标准差）和相对差距（极值比、变异系数、基尼系数）在不同指标上都有不同的变化趋势。[①] 本书研究了 2015 年"城职保""居民保"的区域差异，发现两个基本养老保险制度养老金待遇区域间的差距都十分明显，但各区域的基本养老保险发展状况与其经济发展水平并不完全一致，东、中、西部及东北四大区域都存在部分省市基本养老保险待遇相对较高、部分省市基本养老金替代率相对较低的情况。

众多研究者对造成基本养老保险待遇区域差异的影响因素进行回归分析，研究发现人均 GDP 水平、社会保障支出占政府公共预算支出的比重、制度覆盖率、制度赡养比和老年人口抚养比等因素对基本养老保险待遇水平均有显著影响。在这些影响因素中，人均 GDP 水平、社会保障支出占政府公共预算支出的比重、制度赡养比与基本养老保险待遇水平呈现正相关关系，而制度覆

[①] 张静：《基本养老保险地区差异及影响因素研究》，硕士学位论文，华南师范大学，2012 年，第 31—38 页。

盖率和老年抚养比则与基本养老保险待遇水平形成负相关关系。①②③ 表3—4显示了我国31个省市在人均GDP水平、社会保障支出占政府公共预算支出的比重、制度内赡养比和老年人口抚养比等基本养老保险影响因素方面的差异。

表3—4　　2015年"城职保"各项影响因素的区域差异　　单位：万元，%

区域		人均GDP	社会保障支出占政府公共预算支出比重	制度内赡养比	老年人口抚养比
全国平均		5.03	12.17	2.9	14.33
东部	北京	10.65	12.21	5.0	13.45
	天津	10.80	9.74	2.1	12.94
	河北	4.03	13.56	2.6	14.21
	上海	10.38	8.77	2.2	16.47
	江苏	8.80	8.65	3.1	17.21
	浙江	7.76	8.15	3.4	14.86
	福建	6.80	8.54	5.0	12.27
	山东	6.42	10.97	3.5	16.20
	广东	6.75	8.30	9.7	9.62
	海南	4.08	14.10	3.0	11.77
中部	山西	3.49	15.59	2.5	12.13
	安徽	3.60	13.20	2.5	15.74
	江西	3.67	11.56	2.5	13.04
	河南	3.91	13.91	3.2	14.24
	湖北	5.07	14.00	2.0	15.27
	湖南	4.28	13.65	2.1	15.95

---

① 姚艮华：《我国社会养老保险均等化研究》，硕士学位论文，浙江财经学院，2012年，第52—56页。

② 杨斌：《城乡居民养老保险政府财政责任和负担的地区差异》，《西部论坛》2016年第1期。

③ 苏宗敏：《我国基本养老保险分配差异的量化分析》，《经济师》2016年第3期。

续表

区域		人均 GDP	社会保障支出占政府公共预算支出比重	制度内赡养比	老年人口抚养比
西部	内蒙古	7.11	14.23	1.8	12.35
	广西	3.52	11.33	2.1	14.44
	重庆	5.23	15.02	1.8	18.69
	四川	3.68	14.83	1.8	12.18
	贵州	2.98	8.64	3.1	13.92
	云南	2.88	13.76	2.4	11.60
	西藏	3.20	7.46	3.3	8.07
	陕西	4.76	14.44	2.6	13.87
	甘肃	2.62	14.24	1.8	12.73
	青海	4.13	12.49	2.3	9.74
	宁夏	4.38	12.84	2.4	10.15
	新疆	4.00	9.77	2.2	10.03
东北	辽宁	6.54	22.20	1.8	16.81
	吉林	5.11	14.37	1.5	14.16
	黑龙江	3.95	18.12	1.4	13.79

数据来源：根据《中国社会统计年鉴（2016）》（中国统计出版社2016年版）、《中国统计年鉴（2016）》（中国统计出版社2016年版）计算而得。

说明：1. 至2012年基本养老保险制度已经覆盖全国所有人群，因此本表未将基本养老保险制度影响因素之一的"制度覆盖率"列出；

2. 老年人口抚养比 = 65岁及以上人口数量÷（15—64岁）人口数量×100%；

3. 地区制度内赡养比 = 地区在职参保城镇职工人数÷地区"城职保"离退休人数×100%。

区域之间基本养老金待遇的差距，起源于各区域经济状况、人口年龄结构、地理条件及政策偏好等因素的差异。如表3—1、表3—4所示，西藏的基本养老金人均支出为全国最高，且同时其制度内赡养比及老年人口抚养比情况较好，但由于其社会保障支出占政府公共预算支出的比重全国最低、人均GDP水平全国倒数第四，在这些因素的综合影响下其基本养老金替代率处于全国中下水平；2015年山西省"城职保"养老金的替代率为61.6%，是全国唯一一个达到目标替代率的地区。虽然山西省的人均GDP水平低，但人口年龄结构较为年轻化，老年人口抚养比低，制度内赡养比较高，政府对社会保障投入比例处于全国第三的水平（由高到低，下同）；重庆的人均GDP水平全国排名第十一位，社会保障支出占政府公共预算支出的比重全国排名第四，但由于其老年人口抚养比全国第一、制度内赡养比全国倒数第三，因此其养老保险待遇水平全国垫底。

（二）基本养老保险群体间均等化的影响因素分析

1951年政务院颁布《劳动保险条例》，为城镇企业职工建立社会养老保险制度，50年代中后期建立机关事业单位养老保险制度，90年代后开始为没有被纳入基本养老保险制度的城乡居民提供居民社会养老保险。由此，社会成员因为社会身份（就业状况）的不同而被分割为不同的制度群体，由此建立了我国"多轨制"运行特征的基本养老保险制度，并构建了以机关事业单位人员、城镇企业职工、城乡居民为保障主体的三种基本养老保险基金（见表3—5）。根据前文所述，这三种基金所支付的基本养老金待遇差距是悬殊的。有研究表明，不同群体之间的基本养老保险待遇差距主要是受基本养老保险制度分割的影响。[①] 另有研究者认为，群体之间基本养老金水平的较大差距还与制度本身的属性有关。[②] 但周凤珍认为，真正的原因在于财政对不同群体基本养老金的人均补贴数额存在巨大的差异性。[③]

[①] 刘志昌：《基本养老保险均等化的群体比较》，《理论月刊》2014年第10期。

[②] 曹清华：《城镇职工基本养老保险政府财政责任的优化》，《河南大学学报》（哲社版）2018年第1期。

[③] 周凤珍：《不同群体社会养老保险财政待遇差距的测算与分析》，《经济体制改革》2016年第1期。

表3—5　　20世纪90年代以来基本养老保险的制度分割状态

群体类别		制度类别及建立时间		养老基金		财政补贴责任模式	
机关事业单位人员	城镇职工	传统的退休养老金制度（1959年）	2016年统一为"城镇职工基本养老保险制度"	财政资金	城镇机关事业单位职工基本养老保险基金	全额财政	财政兜底
城镇企业职工		城镇企业职工养老保险制度（1991年）		城镇企业职工养老保险基金	城镇企业职工基本养老保险基金	财政兜底	
农村居民	城乡居民	新型农村养老保险制度（2009年）	2014年合并为"城乡居民基本养老保险制度"	"新农保"基金	"居民保"基金	缴费补贴＋给付补贴	
城镇居民		城镇居民养老保险制度（2011年）		"城居保"基金			

由于针对各群体建立的基本养老保险制度是在不同历史条件下建立的，各群体的劳动属性和职业特点亦确有差异，政府对各类制度承担着不同的财政责任，因而具有一定的合理性。但政府针对不同群体差异化的财政责任是否适度或者是差异化的财政补助责任是不是导致各群体退休人员基本养老保险待遇存在较大差距的重要因素之一，这些问题需要予以探讨和解决。公共财政的基本功能之一是促进区域间、群体间公共资源享有的均等化，当前各区域间及群体间基本养老保险待遇仍存在较大差距，说明政府财政的补贴支出至少存在均等化功能不足问题。因此，政府财政对基本养老保险基金的补贴支出，还要立足于促进区域间及群体间基本养老保险资源的均等化目标，改善不同区域间及群体间

享有养老保险资源的差序格局。

第二节　财政责任对基本养老保险均等化的影响

众多研究表明，造成区域间、群体间基本养老保险待遇水平不均等的影响因素有很多，例如制度因素、地区经济发展水平、政府财政支出偏好及地区人口年龄结构等。①②③ 根据已有的研究结果，从政府财政责任视角进行定量研究的很少，下文则在定量基础上分析政府财政责任的差异，如何引致了区域间及群体间基本养老保险资源的差序展开。

一　财政责任对区域间基本养老保险均等化的影响

如前文所述，地方经济发展水平会影响地方政府财政对社会保障的投入水平以及绝对数量，从而导致区域间基本养老金待遇水平的差异。另外，在当前向上负责和以经济绩效为主要考核指标的晋升体制下，多数地方政府的财政支出是经济偏好型的，对社会保障等民生领域的投入比例相对偏低。在这种情况下，能够引导地方政府加强对社会保障领域投入并对区域间基本养老保险待遇差距起调节作用的主要是中央财政补助支出。在此以"城职保"为例，在假设地方政府财政支出偏好一致的基础上，分析各级政府财政尤其是中央财政的补助支出如何影响区域基本养老保

---

① 冯曦明：《公平视角下的中国基本养老保险制度改革》，《中国行政管理》2010年第1期。
② 吴开明：《我国基本养老保险的公平原则和衡量指标体系》，《中国行政管理》2014年第4期。
③ 梁智毅：《基于社会公平的广州市基本养老保险均等化研究》，硕士学位论文，华南理工大学，2016年，第39页。

险待遇的均等化。

（一）基本养老保险财政补贴区域差异的现状

1984 年，（企业）职工基本养老保险制度在国内个别地区进行试点。为推行社会统筹改革，减少改革阻力，规定退休费用社会统筹实施范围由地方决定，各地方政府可依据自身财力自行实施基本养老保险制度，由此形成了现今城镇职工基本养老保险制度"分灶吃饭""条块分割"的典型特征，这是导致基本养老保险待遇区域分化的基本原因。但区域之间财政补贴的差异，必然也在一定程度上影响区域间基本养老金待遇水平的差距。

表 3—6 表明，各省市"城职保"基金所获得的总财政补助资金数额差距很大，最低的为西藏的 3 亿元，最高的为辽宁的 490 亿元；财政补助支出占"城职保"基金支出的比例亦是大小不一，该比例最高的为广东省 27.1%，海南省的比例最低为 3.5%，全国的平均比例是 18.3%。结合对表 3—1 的分析，区域间财政补助支出占"城职保"基金支出比例的差异与基本养老金待遇水平差异，呈现一定的正相关性。例如，在东北地区内部，辽宁省财政补助支出占"城职保"基金支出比例为 28.1%，该比例比黑龙江省高出 2.6 个百分点，相应地，其养老金待遇水平高出后者 0.2 个百分点；东部地区的北京市财政补助支出占"城职保"基金支出比例为 3.7%，基本养老金的替代率为 36.1%，而河北省的这两个数据分别为 18.6% 和 59.0%。

表 3—6　　　　2015 年"城职保"财政补贴的区域差异　　　单位：亿元，%

区域		财政补贴	财政补贴占基本养老金支出的比例	区域		财政补贴	财政补贴占基本养老金支出的比例
全国		4716	18.3	中部	湖南	224	26.4

续表

区域		财政补贴	财政补贴占基本养老金支出的比例	区域		财政补贴	财政补贴占基本养老金支出的比例
东部	北京	35	3.7	西部	内蒙古	134	23.7
	天津	126	22.5		广西	119	25.3
	河北	212	18.6		重庆	212	31.9
	上海	250	12.3		四川	325	21.3
	江苏	74	4.0		贵州	56	23.1
	浙江	188	11.9		云南	86	26.1
	福建	38	8.8		西藏	3	15.8
	山东	115	6.2		陕西	130	21.2
	广东	150	27.1		甘肃	67	21.8
	海南	51	3.5		青海	22	19.8
中部	山西	127	19.3		宁夏	26	18.9
	安徽	153	25.3		新疆	88	17.9
	江西	145	27.0	东北	辽宁	490	28.1
	河南	192	19.9		吉林	167	10.4
	湖北	291	26.4		黑龙江	312	25.5

数据来源：根据郑秉文主编的《中国养老金发展报告（2016）——"第二支柱"年金制度全面深化改革》（经济管理出版社2016年版）提供的数据估算而得。具体计算公式为："城职保"财政补助收入＝基金总收入－基金征缴收入－利息和其他收入。

说明：1. 根据《中国养老金发展报告（2016）——"第二支柱"年金制度全面深化改革》的统计研究结果，2015年全国"城职保"基金的利息收入和其他收入占基金总收入的5.49%。在此本书对各省市"城职保"基金的利息收入和其他收入的估算，均按照其基金总收入的5.49%来进行。

2. 2015年广东省、山东省以及黑龙江省委托全国社会保障基金理事会进行养老基金投资，投资收益率比银行同期存款利率高出不少，因此本表中广东省、山东省以及黑龙江省的财政补助数据相较实际财政补助数据要大。

前文所述，各省市"城职保"基金间获得的总财政补助资金数额差异很大，其中中央财政对各地方"城职保"基金的补贴支出亦很不平衡。表3—7显示，东部地区的上海市和江苏省"城职保"基金所获财政补贴全部来自本地区财政，而中央财政对中西部的江西省、四川省和陕西省补贴不仅数额较大，而且占财政总补贴的比例在86.9%及以上。中央财政补贴的区域差异，很可能是导致现实中江苏省和上海市基本养老金替代率低于江西省和陕西省基本养老金替代率的重要因素之一。

表3—7　　　　"城职保"中央财政补贴的区域差异　　　　单位：亿元/年

年份	地区	各级财政总补贴	中央财政补贴	地方财政补贴
2008	江西	40.33	35.03	5.3
	陕西	42.747	42.4278	0.3192
	江苏	20.38	—	20.38
	上海	91.5	—	91.5
2015	江西	135.9097	132.5497	3.36
	上海	10	—	10
	四川	324.6	322.7	1.9

数据来源：各省市的《人力资源与社会保障事业统计公报》。

说明：2015年上海市10亿元财政补贴为上海市财政对企业职工基本养老保险基金的补助支出。

(二) 中央财政补贴基本养老保险的区域均等化效果分析

中央财政基本养老保险区域补助支出的均等化效果，从根本上说是以各地方离退休人员是否能够获得均等的基本养老保险待遇水平来衡量。因此，本书以部分地区"城职保"在获取中央财政补助支出前后的替代率对比，来反映中央财政区域补助支出对各地区"城职保"替代率的影响，并通过计算中央财政补助支出前后区域间"城职保"替代率的离散程度分析其均等化效果（见表3—8）。

表 3—8　　　　"城职保"中央财政补贴前后的替代率　　　　单位:%

年份	区域	补贴前的替代率	补贴后的替代率	替代率的变化
2008	江西省	35.3	55.1	19.8
	陕西省	39.8	64.5	24.7
	江苏省	53.1	53.1	0
	上海市	49.5	49.5	0
2015	江西省	32.99	43.8	10.81
	上海市	40	40	0
	四川省	28.9	36.6	7.7

资料来源:根据《中国劳动统计年鉴(2016)》(中国统计出版社 2016 年版)、郑秉文主编的《中国养老金发展报告(2012)》(经济管理出版社 2012 年版)相关数据统计而得。

说明:地方补贴前的替代率=地方获得中央财政补贴前的人均养老金(人均养老金支出-人均所获中央财政补贴)÷地方社会平均工资×100%。

为了反映各地区在接受中央转移支付前后基本养老保险待遇水平的离散程度,本书标准差系数用 V_σ 来表示,V_σ 越小表示离散程度越小,基本养老保险待遇越均衡。为了比较补助支出前后待遇水平均衡程度的变化,本书构造一个相对指标,将它称为均等化效果系数,即:$U = V_{\sigma 2}/V_{\sigma 1}$,其中 $V_{\sigma 1}$ 是接受补助前待遇水平离散程度的指标,即补助前基本养老金替代率的标准差系数;$V_{\sigma 2}$ 是接受补助后待遇水平离散程度的指标,即补助后基本养老金替代率的标准差系数。当 $0 < U < 1$ 时,表示中央财政补助支出起到了区域间均等化效果,越接近于 0,均等化效果越好;当 $U = 1$ 时,表示中央财政补助支出没有起到均等化效果;当 $U > 1$ 时,表示中央财政补助支出不但没有起到均等化效果,反而扩大了区域间待遇水平的离散程度。(见表 3—9)

表3—9　　　　　　中央财政补贴的区域间均等化效果

年份	σ_1	σ_2	$V_{\sigma1}$	$V_{\sigma2}$	U
2008	8.28	6.40	18.63	11.52	0.62
2015	5.61	3.21	16.52	8.00	0.48

说明：根据表3—7和表3—8计算而得。

可以看出，现行中央财政补助政策是建立在地理分区基础之上的：东部地区的上海市、江苏省不给予补贴，中部地区的江西省给予较大比例的中央财政补贴，但无论从中央财政补贴的具体数额还是中央财政补贴占总财政补贴的比例来看，西部省份如四川省、陕西省都是高于中部地区江西省的相关指标。基于基本公共服务横向均等化的视角来看，中央政府财政补贴向中西部倾斜的政策效果是积极的，在一定程度上降低了东、中、西部省份基本养老保险待遇水平的离散程度。2008年江西省、江苏省、陕西省和上海市四个地区"城职保"替代率在中央财政补贴前的标准差是8.28，补贴后的标准差降为6.40，均等化效果系数为0.62；2015年江西省、四川省和上海市三个地区"城职保"替代率的标准差在中央财政补贴后也有了下降，计算结果其均等化效果系数为0.48。

不过，无论是东部、中部还是西部地区，其内部各地方政府间的财政实力和基本养老保险的负担情况是有差异的。对中西部地区财政实力较强、负担较轻的省份，中央财政补贴数额是否过多；对中西部地区财政实力较弱、负担较重的省份，中央财政补贴数额是否过少；而对东部地区如上海市，虽然其财政实力雄厚但是人口老龄化问题突出，中央财政补贴是否应给予相应补助等。解决了这些问题，将有助于进一步改善"城职保"中央财政补贴的区域均等化效果。

二 财政责任对群体间基本养老保险均等化的影响分析

关于我国基本养老保险待遇群体间的公平性问题及其解决对策,学术界已经从不同角度对之进行过一些分析。例如,有研究者研究了微观主体之间基本养老保险终身财政补贴额的公平性问题,① 有研究结论认为政府对不同群体基本养老金实行的不同财政补贴数额形成了新的社会分配不公,导致基本养老金给付差距悬殊。② 下文从研究政府对基本养老保险财政补贴的群体差异现状出发,分析财政补贴如何进一步扩大了群体间的待遇差距问题。

(一) 基本养老保险财政补贴群体差异的现状

1999年部分事业单位开始进行基本养老保险制度改革,并建立相应的独立于企业职工的基本养老保险基金。但直至2016年被纳入统一后的"城职保",参与基本养老保险制度的人数占全国机关事业单位总人数的比例一直较低。也就是说,2010—2016年多数机关事业单位离退休人员仍是处于传统的财政全额供养的退休养老制度之内。另外,相对农村居民,城镇居民养老保险制度建立较晚,为了便于分析,本书就"城职保"的离退休人员和享受农村基本养老保险的农村居民两个群体所获财政补助的差异,来分析基本养老保险财政补贴群体差异的现状。

1997年"城职保"开始实行企业和职工个人缴纳基本养老保险费的缴费制,并以此建立"城职保"基本养老保险基金。③ 该制度规定当基金收不抵支时,由财政承担弥补支付缺口的兜底责

---

① 郑春荣:《中国新农村社会养老保险制度探析——基于中国两大养老保险制度的比较》,《社会科学家》2012年第4期。
② 田雪原:《体制创新:中国养老保险改革的必由之路》,《人口与经济》2014年第2期。
③ 说明:1997年起政府财政开始补助城镇企业职工基本养老保险基金,1999年部分机关事业单位开始基本养老保险制度改革,因此,1999年起政府财政补助就包括对参与基本养老保险制度的机关事业单位人员的补助。

任。1997年财政首次弥补"城职保"基金收支缺口21.3亿元，之后总补助数额一路上涨，2016年达到6511亿元，"城职保"离退休人员年人均财政补助数额随时间推移也不断增加，情况如表3—10所示。

表3—10　　"城职保"离退休人员享受财政补贴情况

年份	各级财政补贴 （亿元/年）	参保离退人数 （万人）	人均年财政补贴 （元/年）
1997	21.3	2533	84
2010	1954	6305	3099
2011	2272	6826	3329
2012	2648	7446	3556
2013	3019	8041	3755
2014	3548	8593	4129
2015	4716	9142	5159
2016	6511	10103	6445

资料来源：《中国社会统计年鉴（2016）》（中国统计出版社2016年版）。

对于城乡居民，2009年的国发32号文（《国务院关于开展新型农村社会养老保险试点的意见》）规定，政府财政对符合领取条件的参保人员全额支付55元基础养老金，标准为每人每月55元（2014年7月1日起基础养老金增加至70元），同时规定地方政府对每位参保人给予缴费补贴，补贴标准不低于每人每年30元，对选择基础档位以上缴费的，地方政府应再给予适当缴费补助。[①] 不同地方政府对于缴费补贴的规定有所不同，有的地方所有人员缴费补贴一律遵循最低标准，有的地方根据缴费档次决定

---

① 政府补贴还包括累计补贴，即对累计缴费超过15年的，每多缴一年每月多发2%的基础养老金。2010—2016年这部分政府补贴数额很小，可以忽略不计。

补贴数额,例如西藏财政对缴费补贴最高补贴标准为每人每年不超过95元,①在此按照全国平均每人每年50元计算缴费补贴。测算的城乡居民人均财政补贴数额如表3—11所示。②如果按照表2—4对"居民保"财政补贴的估算方法,即用"居民保"基金总收入减去基金征缴收入和投资收益以及其他收入,所测算的结果则如表3—12所示。

表3—11　　　"居民保"离退休人员享受财政补贴情况　　单位:元/年

年份	2010	2011	2012	2013	2014	2015	2016
人均财政补贴额	710	710	710	710	800	890	890

表3—12　　　"居民保"离退休人员享受财政补贴情况

年份	各级财政补贴（亿元/年）	待遇领取人数（万人）	人均年财政补贴（元/年）
2010	201.97	2863	737
2011	676.32	8760	772
2012	1181.91	13075	904
2013	1340.03	13768	973
2014	1544.81	14313	1079
2015	2039.66	14800	1378
2016	2132.11	15270	1396

资料来源:《中国社会统计年鉴(2016)》(中国统计出版社2016年版)。

比较表3—10和表3—11,"城职保"离退休人员与城乡居民所获人均财政补贴差距甚大。2010年"城职保"离退休人员平均

---

① 资料来源于《西藏自治区城乡居民养老保险实施办法(试行)》,2014年8月14日。
② 根据2011年国务院颁布的《关于开展城镇居民社会养老保险试点的指导意见》所建立的城镇居民基本养老保险制度,其资金来源与养老金待遇的规定与"新农保"一致。

享受公共财政补贴是城乡居民的倍数为：3099÷710≈4.36（倍），2014年的倍数为4129÷800≈5.16（倍），2016年的倍数为6445÷890≈7.24（倍）。不断攀升的倍数，反映了两个群体所获得的财政补助待遇差距在持续扩大。若把表3—12的数据与"城职保"的相关数据进行比较，"城职保"离退休人员与城乡居民所获人均财政补贴差距要小些，例如2016年后前者是后者的4.62倍。但是，两者的差距依然很大。

（二）财政补贴基本养老保险的群体间均等化效果分析

众多研究者的研究表明，不同群体间基本养老金待遇水平差距是比较大的，例如2013年城镇职工基本养老金替代率为43.8%，而城乡居民的只有5.35%，前者是后者的8.2倍（见表3—13）。而且如表3—3以及表3—12所示，不同群体间基本养老金待遇水平差距并没有随时间推移而持续缩小。那么政府财政补贴在群体间基本养老金待遇水平差距这个问题中扮演什么角色，是拉大了差距还是缩小了差距？表3—13用城镇职工与城乡居民养老金水平在财政补贴前后的对比与比较，来分析政府的财政补贴有没有起到均等化效果。

表3—13　　　　　　财政补贴的群体间均等化效果

年份	群体	财政补贴前的养老金替代率	财政补贴后的养老金替代率	财政补贴引致的相对差距（倍数）		财政补贴引致的绝对差距（%）	
				①÷②	③÷④	①-②	③-④
2013	城镇职工	36.7%①	43.8%③	24.5	8.2	35.2	38.45
	城乡居民	1.5%②	5.35%④				
2014	城镇职工	36.9%①	44.13%③	24.6	8.1	35.4	38.62
	城乡居民	1.5%②	5.45%④				
2015	城镇职工	36.5%①	44.65%③	14.6	6.9	34	38.14
	城乡居民	2.5%②	6.51%④				

续表

年份	群体	财政补贴前的养老金替代率	财政补贴后的养老金替代率	财政补贴引致的相对差距（倍数）		财政补贴引致的绝对差距（%）	
				①÷②	③÷④	①-②	③-④
2016	城镇职工	36.4%①	45.7%③	16.5	7.7	34.2	39.79
	城乡居民	2.2%②	5.91%④				

资料来源：根据前文数据计算而得。

说明：本表采用的城乡居民财政补贴数据为表3—11的数据；城乡居民养老金替代率计算基数为城乡一体化口径的居民人均可支配收入。

从表3—13可以看出，政府财政补贴在一定程度上降低了群体间基本养老保险待遇水平的相对差距。2013年，财政补贴前城镇职工养老金水平是城乡居民的24.5倍，经由财政补贴调节的这个指标降为8.2倍。2014年、2015年和2016年基本都是这个情况；但在缩小"城职保"和"居民保"养老金待遇水平相对差距的同时，政府财政补贴引致的两者间的绝对差距却在扩大。2013年政府财政补贴前两者的绝对差距是35.2%，补贴后的绝对差距增加到38.45%。2015年补贴后的绝对差距是38.14%，比补贴前的绝对差距提高了4.14，2016年更是扩大了5.59。相对差距的下降与绝对差距的扩大，哪个更能反映财政补贴对群体间基本养老保险待遇均等化的真实影响？本书认为绝对差距指标更具有现实意义上的评估价值，因为民众心理对相对差距的变化是不敏感的，但当绝对差距越来越大时，社会心理会倾向于认为制度的不公平性越来越大。基于此，本书认为政府财政补贴扩大了群体间基本养老保险待遇的不均等程度。

第三节　小结与政策含义

本章基于有限可得的数据，对政府财政补贴如何影响区域间、群体间的基本养老保险待遇水平进行了实证与规范的分析，得出的结论是：中央财政补贴的区域差异在一定程度上改善了区域间待遇水平的不均等现状；历年政府对"城职保"人均财政补贴远远高于"居民保"，因此政府公共财政补贴没有缩小反而扩大了城镇职工与城乡居民之间的基本养老金水平差距。总之，当前我国基本养老保险待遇的不平衡问题即区域间和群体间基本养老保险待遇差距问题依然突出。党的十九大报告提出，要加快推进基本公共服务均等化、缩小收入分配差距。由此，我们需要继续分析如何调整政府在基本养老保险制度中的财政补贴政策，以进一步改善其均等化功效。本书认为前文的分析蕴含了以下政策含义：

一　关于基本养老保险区域均等化的财政补贴政策

在区域经济社会发展很不均衡的情况下，政府财政尤其是中央财政就要发挥在促进区域间基本养老保险待遇均等化方面的主导作用，首先是通过财政转移支付平抑地方基本养老金水平的差距。要通过财政补贴促进区域间基本养老保险待遇的均等化，那么中央财政对各区域进行补贴应该综合考虑各地方的基金收支状况、政府财政能力及人口老龄化因素，同时由中央政府建立科学的转移支付规模确定机制和地方财政支出激励约束机制，平抑由于地方政府财力不均衡或政策偏好而导致的国民基本养老保障权益差异。[①]

[①] 曹清华：《城镇职工基本养老保险政府财政责任的优化》，《河南大学学报》（哲社版）2018年第1期。

(1) 通过评估各地方财政收入比重与职工人数比重的比值的大小，作为中央财政是否给予转移支付的依据。比值为 1 或大于 1 时，表明地方财政负担适中或较轻，中央财政可以不予补助；比重小于 1 时，说明地方财政负担重，中央财政补助政策要给以倾斜。比值越小，地方财政补助基本养老保险支出的负担越沉重，中央财政补助政策给予的倾斜力度应越大。

表 3—14 显示，各地方财政收入比重与职工人数比重的比值大小差距还是很大的。从单个省市来看，比值最大的为西藏的 18.5，比值最小的为黑龙江的 0.2；对东、中、西部与东北进行区域比较，可以发现，东部地区该比值总体相对较高，最低的是东北地区，辽宁省、吉林省及黑龙江省该比值分别只有 0.3、0.3、0.2，反映东北地区地方政府财政补助基本养老保险支出的负担沉重，需要中央政府予以重点考虑。

表 3—14　2015 年各地方财政收入比重与离退休职工人数比重的比值

区域		地方财政收入占全国财政收入的比重（%）	地方城镇离退休职工人数占全国离退休职工人数比重（%）	各地方财政收入比重与离退休职工人数比重的比值
东部	北京	3.11	2.59	1.2
	天津	1.75	1.98	0.9
	河北	1.74	3.99	0.4
	上海	3.63	5.03	0.7
	江苏	5.28	7.37	0.7
	浙江	3.16	6.17	0.5
	福建	2.72	1.59	1.7
	山东	3.63	5.99	0.6
	广东	6.15	5.12	1.2
	海南	0.66	0.67	0.99

续表

区域		地方财政收入占全国财政收入的比重（%）	地方城镇离退休职工人数占全国离退休职工人数比重（%）	各地方财政收入比重与离退休职工人数比重的比值
中部	山西	1.08	2.18	0.5
	安徽	1.61	2.67	0.6
	江西	1.42	2.54	0.6
	河南	1.80	3.90	0.5
	湖北	2.36	4.77	0.5
	湖南	2.63	3.99	0.7
西部	内蒙古	1.29	2.25	0.6
	广西	1.53	2.02	0.8
	重庆	1.42	4.89	0.3
	四川	2.19	7.46	0.3
	贵州	0.69	1.03	0.7
	云南	1.19	1.32	0.9
	西藏	0.74	0.04	18.5
	陕西	1.35	2.25	0.6
	甘肃	0.49	1.18	0.4
	青海	0.18	0.33	0.5
	宁夏	0.25	0.50	0.5
	新疆	0.84	1.68	0.5
东北	辽宁	1.80	6.94	0.3
	吉林	0.81	2.97	0.3
	黑龙江	0.77	5.10	0.2

资料来源：《中国统计年鉴（2016）》（中国统计出版社 2016 年版），《中国社会统计年鉴（2016）》（中国统计出版社 2016 年版）。

（2）通过地方财政对"城职保"补贴占地方财政收入比重可以直接反映出"城职保"财政补贴对各地方财政产生的实际负担，可以以此为依据来调整中央财政对各地方"城职保"的财政责任。地方财政对"城职保"补贴占地方财政收入比重越高，说明"城职保"财政补贴对地方财政产生的实际负担越重。

表3—15显示,四个省市"城职保"财政补贴对地方财政产生的实际负担差距是比较大的,其中上海市地方财政补贴的实际负担相对最为沉重,其"城职保"地方财政补贴占地方财政收入比重高达3.84%,而同期的陕西省该比例只有0.02%。地方政府对"城职保"财政补贴存在差异,既有地方社会经济条件和政府财政支出偏好不同等因素的影响,还因为中央财政补贴责任的区域差异,还在于各地方的养老负担苦乐不均。因此,一方面,应在综合考虑各地方政府财政能力和人口老龄化状况的基础上,来完善中央财政对地方财政尤其老龄化严重的欠发达地区财政的转移支付制度,并建立科学的转移支付规模确定机制;另一方面,中央财政加强对地方财政支出激励约束机制,引导地方财政在改善基本养老保险待遇方面的积极性,平抑地方政府由于财力不均衡或支出偏好不同而导致的国民基本养老保险待遇的差距。

表3—15　2008年地方财政对"城职保"补贴数额占地方财政收入比重

区域	地方财政补贴(亿元)	地方财政收入(亿元)	地方财政补贴占地方财政收入比重(%)
江西省	5.3	800	0.66
陕西省	0.3192	1500	0.02
江苏省	20.38	2731	0.75
上海市	91.5	2382	3.84

数据来源:(1)各省市的《人力资源与社会保障事业统计公报》。
(2)《中国统计年鉴(2009)》(中国统计出版社2009年版)。

二　关于基本养老保险群体间均等化的财政补贴政策

城镇职工和城乡居民两个群体之间存在人力资本性质、职业特点以及薪酬水平等方面的差异,这些差异决定了他们之间的基本养老金水平理应有一些差距。但这个差距，应该是在合理范围之内且基于缴费贡献的，而不是源于对公共财政资源身份性分配的严重倾斜。若有一些倾斜，也应该是基于基本养老保障待遇均等化目标而给以弱势群体的政策倾斜。"城职保"和"居民保"之间的待遇水平存在很大差距，主要原因是两项制度在筹资机制、养老金计发办法、统筹层次和管理部门等方面不一致，即制度分割是主因。另外，政府财政补贴的群体差异也是一个重要的影响因素，它拉大了两个群体间的基本养老金替代率的绝对差距。因此，政府对各群体的财政责任需要调整。

现阶段社会对基本养老保险制度的关注集中于两点，一是制度的可持续性问题，二是制度的公平性问题，而制度公平是制度可持续性发展的前提条件之一。当前基本养老保险制度存在的公平性问题，即基于社会身份不同而引致的群体间基本养老待遇差距问题。但在现行公共财政养老保险资源分配体制下，社会身份不同的退休人员所享受的公共财政资源差距在数倍之上，而且往往是收入越低的群体其所得基本养老保险财政补助待遇越低，这显然是有违公平原则的，也不利于基本养老保险制度的可持续发展。因此，本书建议在对基本养老保险制度进行结构性改革的基础上，逐步缩小群体间财政养老补助待遇，即公共财政资源的分配适当向城乡居民倾斜，以减少群体间基本养老保险金水平的绝对差距，并使之保持在合理的区间。

第四章

基本养老保险政府责任与财政可持续性的关系分析

近年来，我国基本养老金收支缺口持续扩大，引起了社会各界的广泛关注和讨论。在全球人口老龄化背景下，由基本养老保险基金收支缺口带来的对政府公共财政的冲击也成为世界各国政府所面临的一个共同性难题。由于基本养老保险保障属于准公共产品，因此各国基本养老保险制度无论实施何种政府财政责任模式，政府财政都承担着对基本养老保险保障的最后出场者角色。从一定意义上讲，基本养老保险制度的财政可持续性与政府财政的可持续性荣辱与共。2010年欧洲主权债务危机爆发后，欧盟成员国纷纷认识到以养老保障为代表的高福利制度所带来的弊端与主权债务危机的爆发互为因果，以希腊为代表的欧盟各国纷纷进行改革以建立符合本国债务承受能力的基本养老金制度，以缓解债务危机。我国正处于人口结构转变和社会转型的关键时期，基本养老保险基金的运行状况受到国内外学者的共同关注。习近平同志在党的十九大报告中强调，中国特色社会主义进入新时代，我国社会主要矛盾已经转化为人民日益增长的美好生活需要与不平衡不充分的发展之间的矛盾。那么在中国特色社会主义新时代，基本养老保险在解决不平衡不充分发展问题中的功能定位、政府财政在基本养老保险中承担的责任边界问题、如何才能实现基本养老保险制度发展与政府财政可持续性的良性互动等,是我们必须考虑的重大课题。

第一节 基本养老保险财政负担状况分析

由于其准公共产品属性的因素,基本养老保险的持续发展离不开政府公共财政的支持,而且日渐加深的人口年龄结构老龄化对我国基本养老保险基金可持续发展造成巨大冲击,无论是"城职保"还是"居民保"对政府财政补贴的依赖程度都在不断提高,由此给政府公共财政带来的支出负担和持续性风险也日趋加大。因此,必须对基本养老保险领域政府财政的支出和负担状况进行分析,以期评估现行财政责任模式下政府养老保险财政支出是否符合财政可持续性原则。

一 基本养老保险基金的收支缺口现状

在基本养老保险领域,政府不但担负对基本养老保险基金的管理和监督工作,还以财政补助支出的形式充实基本养老基金,体现对基本养老保险制度的支持。政府财政通过补助支持基本养老保险基金,以使民众均能获得基本养老保险保障,从而为经济社会发展提供和谐稳定的环境。但政府的养老保险财政支出在创造巨大社会收益的同时,是否会给政府财政可持续性带来隐患,这个问题随着我国基本养老保险基金收支形势日趋恶化而受到社会各界的广泛关注。

"城职保"基金是我国基本养老保险基金的核心部分,其财务状况直接影响基本养老保险制度是否可持续发展。自城乡居民养老保险制度建立以来，城镇（企业）职工基本养老保险基金收支规模占整个基本养老保险基金规模的比例一直在90%以上。例如2016年"城职保"基金收入35058亿元，基金支出31854亿元，分别占到基本养老保险基金总收支的92.3%和93.7%。因此，"城职保"基金收支状况直接决定整个基本养老保险基金运行是否可持续。表4—1列举了1998年以来"城职保"基金当期结余、累计结余以及扣除在政府财政补贴和个人账户"空账"后的基本情况。

表4—1　　　　"城职保"基金收支缺口现状　　　　单位：亿元

年份	当期结余	累计结余	"空账"规模	扣除历年财政补贴的结余	扣除历年财政补贴与"空账"的结余
1998	-158.6	611.6	450	586.6	137.6
2000	-246	947	2000	364.5	-1635.5
2002	-291.5	1608	—	168.2	—
2004	80	2975	7400	391.2	-7008.8
2010	555	15365	17600	4965.2	-12634.8
2012	905	23941	26044	8621.2	-32742.6
2013	164	28269	30955	9930.2	-21024.8
2014	-1321	31800	35973	9913.2	-26059.8
2015	-2797	35345	43870	8742.2	-55669.0
2016	-5086	38580	—	5466.2	—

数据来源：历年人力资源和社会保障部统计公报，《中国统计年鉴（2017）》（中国统计出版社2017年版），《中国劳动保障发展报告（2016）》（社会科学文献出版社2016年版）。

说明：1. "城职保"基金当期结余为基金当期征缴收入与总支出之间的差额。

2. 养老金隐性债务为制度转轨后新制度承诺给予"制度老人"和"制度中人"的没有形成积累的个人账户养老金，该部分养老金当前是从社会统筹基金支付，统筹基金不够就从个人账户透支，从而形成个人账户"空账"运行的现状。

从当期结余情况来看,"城职保"基金经历先负结余、而后正结余然后又收支逆差的过程,2016年的当期结余快速负增长到-5086亿元。累计结余则由1998年的611.6亿元持续增长到2016年的38580亿元,扣除历年财政补贴后的结余亦仍为正数。不过真实反映基金整体平衡状况的指标,应是累计结余扣除财政补贴与个人账户"空账"之后的结余。1998年扣除财政补贴和个人账户"空账"后的结余为137.6亿元,但随着养老金隐性债务的大规模显性化(个人账户"空账化"),该结余迅速转为负数,并由2000年的-1635.5亿元迅猛增长到2015年的-55669.0亿元,16年间负结余增长33倍之多,这说明"城职保"基金处于持续负债并且负债规模快速扩大的状态。

二 政府财政补助基金支出状况及分析

1995年国务院颁布《关于深化企业职工养老保险制度改革的通知》,决定基本养老保险费用由企业和个人共同负担,并实行社会统筹与个人账户相结合的财务模式。1998年"城职保"基金开始出现收支缺口,政府财政于1997年开始了对基金的补助支出,1998年财政补助基金支出24亿元,至2016年财政补助共计超过33000亿元。在近20年间,财政补贴基金的增速大都远超同期财政收入增速,财政补贴占政府财政收入的比重亦保持持续上升的走势,由2000年的2.73%上升到2016年的4.8%,财政补贴占GDP比重由1998年的0.03%增长至2016年的0.85%。与此同时,同期财政补贴占"城职保"基金总支出的比例呈现有升有降但总体趋高的态势,该比例由2000年的17.3%提高到2016年的20.4%。(见表4—2、图4—1)

表 4—2　　　　政府对"城职保"的财政补贴情况　　　　单位：亿元，%

年份	财政补贴基金支出	财政补贴增速	财政收入增速	财政补贴占政府财政收入比重	财政补贴占GDP比重	财政补贴占基金总支出比重
1998	24	—	14.2	0.25	0.03	1.6
2000	365.7	89.58	17.1	2.73	0.37	17.3
2002	454.8	12.99	15.4	2.41	0.38	16.0
2004	614	15.85	21.6	2.33	0.38	17.5
2006	971	49.16	22.5	2.51	0.45	19.8
2008	1437	24.20	19.5	2.34	0.46	19.4
2010	1954	18.71	21.3	2.35	0.47	18.5
2012	2648	16.55	12.9	2.26	0.49	17.0
2014	3548	17.52	8.6	2.53	0.55	16.5
2015	4716	32.92	5.8	3.10	0.68	18.3
2016	6511	38.06	4.8	4.08	0.85	20.4

资料来源：《中国统计年鉴（2017）》（中国统计出版社 2017 年版），历年人力资源和社会保障部统计公报。

说明：1999 年开始机关事业单位人员的基本养老保险制度改革，因此 1999 年开始的"城职保"财政补贴对象包括企业职工和机关事业单位人员。

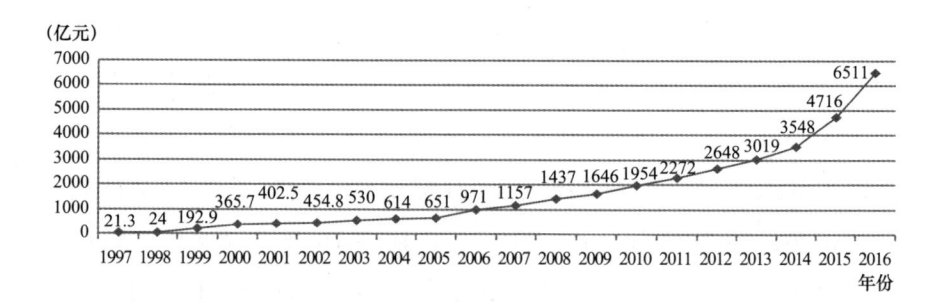

图 4—1　政府财政对"城职保"的补贴情况

从表 4—3 可以看出，随着时间的推移政府财政对基本养老保险基金（"城职保"＋"居民保"基金）补助支出的规模在不断增长，2011 年财政补贴基金支出由 2010 年的 2165 亿元增加到 2948 亿元，增速为 36.17%，同期财政收入增速是 25.0%；2013

年,基金的财政补贴收入为 4359 亿元,增速为 13.81%,当年财政收入增速是 10.2%;2016 年财政补贴养老基金支出 8643 亿元,在 2015 年支出基础上增加了 27.93%,同年财政收入增速是 4.8%。表 4—3 显示,2010 年以来,财政对基本养老保险基金的补贴增速均大大高于同期财政收入增速。

表 4—3 2010—2016 年政府对基本养老保险制度的财政补贴情况

单位:亿元,%

年份	财政补贴基金支出	财政补贴增速	财政收入增速	财政补贴占政府财政收入比重	占 GDP 比重	财政补贴占基金支出比重
2010	2165	31.53	21.3	2.6	0.52	59.4
2011	2948	36.17	25.0	2.8	0.60	59.9
2012	3830	29.92	12.9	3.3	0.71	61.2
2013	4359	13.81	10.2	3.4	0.73	61.2
2014	5093	16.94	8.6	3.6	0.79	64.4
2015	6756	32.65	5.8	4.4	0.98	73.0
2016	8643	27.93	4.8	5.4	1.16	82.7

资料来源:《中国统计年鉴(2017)》(中国统计出版社 2017 年版),历年人力资源和社会保障部统计公报。

第二章中的表 2—5 表明,"城职保"基金在 1998 年至 2003 年存在收支缺口,2004 年(由于"扩面")开始有结余,但由于大多数年份的基金支出增速高于基金征缴收入增速,2014 年又开始出现基金收支缺口且缺口规模发展迅速的问题。2010 年"居民保"基金有 24.6 亿元的结余,之后历年基金总支出超过基金的征缴收入,当期收支逆差自 2011 年的 -177.3 亿元飙升到 2016 年的 -1418 亿元。为了弥补基本养老保险基金的收支缺口,政府财政每年投入巨额资金,财政补助支出占政府财政收入的比重和占 GDP 的比重愈来愈高:财政补助基金支出占政府财政收入的比重，从1998年的0.3%增加到2016年的5.4%；财政补助支出占GDP的比重，从1998年的0.03%快速上升到2016年的1.16%，在不到20年的时间，比重上涨近38倍。与此同时，当期财政补助支出占基金总支出的比重，亦呈连年增长的态势，由1998年的5.7%一跃为2016年的82.7%。也就是说，至2016年基本养老基金支出中有八成多来源于政府财政补助，巨额的财政补贴形成了基本养老保险基金累计有结余的结果，但在某种程度上掩盖了基金自身收支不平衡的严重事实。图4—2直观显示了基本养老保险基金财政补助支出的变化趋势。

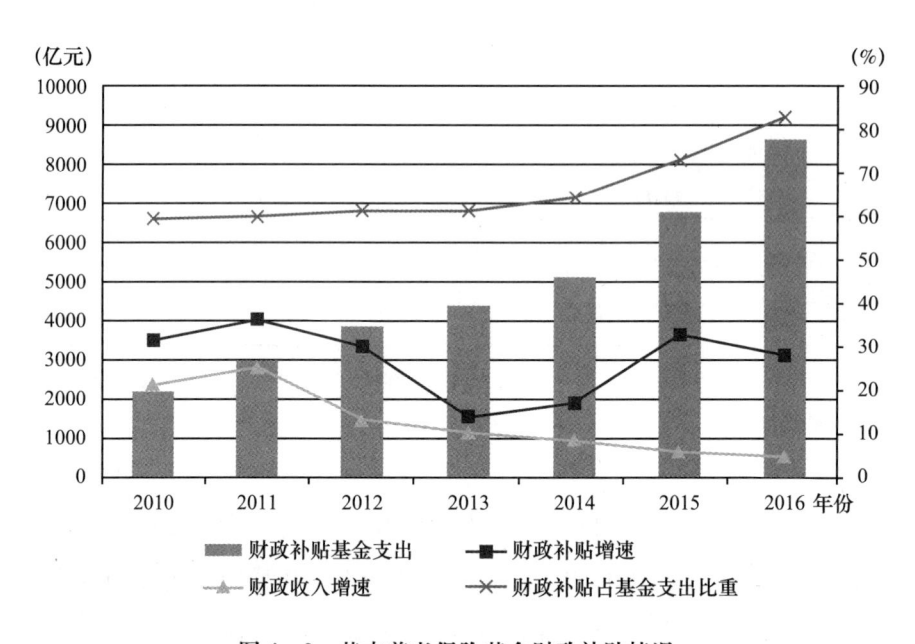

图4—2 基本养老保险基金财政补贴情况

第二节 基本养老保险基金未来收支缺口的预测分析

前文分析到，现行财政责任模式下基本养老金收支缺口的大小直接决定政府财政补助的规模，基本养老金收支缺口在持续扩大，政府财政对基金的补助支出规模亦就持续增加，由此财政补助养老金支出占政府财政收入以及GDP的比例也就越来越高。从国际标准来看，虽然目前我国财政补助养老金支出的绝对规模和相关比例并没有达到警戒线，但若这种趋势持续发展下去，终究会对国家经济发展以及政府财政可持续性造成不利影响。在现行财政责任模式下，未来对基本养老金的财政补贴可能给政府财政可持续性造成多大冲击，具体取决于未来基金收支缺口规模的大小，下文以"城职保"为例对此进行分析。

一 "城职保"基金收支的短期预测

2015年国务院颁布的《关于机关事业单位养老保险制度改革的决定》（2号文）规定，事业单位和机关单位工作人员被纳入城镇职工基本养老保险制度，基金单独核算。因此，机关事业单位人员和城镇企业职工虽然同属一个基本养老保险制度即"城职保"，但其基金是分立并行的。下文分别对"城企保"基金和机关事业单位人员养老保险基金的未来运行情况进行预测。

表4—4显示，2018—2022年间"城企保"当期收支结余均为负数，且收支逆差发展迅速，五年间翻了一番多。累计结余仍为正数，但结余数下降迅速，由2018年的近40000亿元降到了2022年的9000多亿元。如果把个人账户的"空账"情况计入基金的财务核算，那么在扣除"空账"后的"城企保"累计结余皆为负数了，而且负债规模庞大，2022年的负债即达到近80000亿元的规模。如果财政只是对基金负当期结余给予兜底补助，2022年"城企保"基金需要财政补助5335.9亿元；若选择在2022年做实个人账户，"城企保"基金则需要78837.1亿元的资金补助。

表 4—4　　2018—2022 年"城企保"基金财务状况预测　　单位：亿元，%

年份	基金征缴收入	基金总支出	当期结余	累计结余	个人账户记账规模	"空账"规模	扣除"空账"的累计结余
2018	29912.4	32473.9	-2561.5	37563.9	67755.8	59950.3	-22386.4
2019	33353.2	36121.0	-2767.8	31633.2	75047.6	66402.1	-34768.9
2020	36886.4	40185.2	-3298.9	25043.1	82870.4	73323.7	-48280.6
2021	40440.7	44714.6	-4273.9	17719.6	91174.1	80670.8	-62951.2
2022	44427.6	49763.5	-5335.9	9580.2	99929.1	88417.3	-78837.1

说明：1. 本表数据主要根据郑秉文的研究成果整理而得。郑秉文主编：《中国养老金精算报告 2018—2022》，中国劳动社会保障出版社 2018 年版。

2. 当期结余为按小口径统计的基金当期收支（征缴收入－总支出）差额，没有计入当期财政补助。

3. 2010—2015 年六年间个人账户"空账"率平均为 88.5%，在此亦假定 2018—2022 年个人账户"空账"率均为 88.5%，据此来计算每年"城企保"的"空账"规模。

2015 年的 2 号文虽然规定，事业单位和机关单位工作人员被纳入城镇职工基本养老保险制度，但关于转制成本如何解决的问题，2 号文并没有做出明确说明。如果该转制成本由政府承担的话，2018—2022 年间基金征缴收入是远远高于基金总支出的，当期结余与累计结余规模均不断增加，2022 年的累计结余金额 50000 亿元；倘若如"城企保"般，通过挪用个人账户资金来填补社会统筹账户的支付不足问题，则该基金当期结余和累计结余均为负数，累计结余负债规模快速扩展，短短五年间就达到 70000 多亿元。表 4—5 表明，政府是否承担基本养老保险制度的转轨成本，对基本养老保险基金的财务状况影响很大。

表 4—5　　　　2018—2022 年机关事业单位人员养老保险
基金财务运行状况预测　　　　　单位：亿元

年份	政府不承担转制成本				政府承担转制成本			
	基金征缴收入	基金总支出	当期结余	累计结余	基金征缴收入	基金总支出	当期结余	累计结余
2018	6331.1	13992.9	-7661.8	-28138.2	6331.1	879.1	5451.9	22314.3
2019	6784.9	15156.5	-8371.6	-37422.5	6784.9	1182.3	5602.6	28614.8
2020	7261.7	16415.4	-9153.7	-47740.6	7261.7	1536.5	5725.2	35198.5
2021	7747.7	17610.7	-9863.1	-59043.7	7747.7	1898.1	5849.6	42074.3
2022	8233.8	18979.9	-10746.1	-71534.6	8233.8	2358.6	5875.2	49148.3

说明：1. 本表数据根据曾益的研究成果整理而得。曾益：《中国养老保险基金支付缺口及应对策略》，对外经贸大学出版社 2016 年版。

2. 当期结余为按小口径统计的基金当期收支（征缴收入 - 总支出）差额，没有计入当期财政补助。

二　"城职保"基金收支的中长期预测

以上分析表明，2018—2022 年间"城企保"基金和机关事业单位人员基本养老基金收支发展状况是不容乐观的。基金收支逆差问题的日益凸显，主要原因是人口年龄结构的老化以及我国平均退休年龄过早（相对于人均预期寿命）。

2016 年我国开始实施新的全面二孩政策，未来五年内延迟退休政策的出台也是大概率事件，全面二孩政策和延迟退休政策的实施可在一定程度上改善基本养老保险基金的财务状况，但改善的具体程度则取决于这两项政策的具体规定和效果。2016 年起开始实施全面二孩政策，其新增劳动力对于基本养老保险基金收支的影响预计开始于 2033 年左右，至于具体影响的大小，则取决于符合规定生育全面二孩夫妇的二孩生育率情况。表 4—6 预测了不同的全面二孩生育率对"城企保"基金财务的不同影响。表 4—7

是在假设实施延迟退休年龄政策和全面二孩政策的前提下，对"城企保"基金长期财务状况所做的一个预测。①

表4—6　　　　　　"城企保"基金财务运行状况
（13%—100%符合规定夫妇生育全面二孩）

情况	当期赤字时点	累计赤字时点	2090年累计赤字（亿元）
继续实行"一胎政策"	2023—2037，2059—2090	2076—2090	4223651.95
13%符合规定夫妇生育全面二孩	2023—2037，2059—2090	2077—2090	3832380.42
20%符合规定夫妇生育全面二孩	2023—2037，2062—2090	2081—2090	2685885.14
40%符合规定夫妇生育全面二孩	2023—2037，2068—2090	2087—2090	1092370.64
50%符合规定夫妇生育全面二孩	2023—2037，2070—2090	2089—2090	271778.71
60%符合规定夫妇生育全面二孩	2023—2037，2073—2090	—	-564754.35
80%符合规定夫妇生育全面二孩	2023—2037，2078—2090	—	-2285797.84
所有符合规定夫妇生育全面二孩	2023—2037，2082—2090	—	-4071067.86

说明：1.本表数据根据曾益的研究成果整理而得。曾益：《中国养老保险基金支付缺口及应对策略》，对外经贸大学出版社2016年版。

2."—"表示"城企保"在2090年以及之前不出现累计赤字，累计赤字为-564754.35代表累计结余为564754.35。

表4—7　　　　　"城企保"基金长期财务状况预测　　　　　单位：亿元

年份	当期结余	累计结余	年份	当期结余	累计结余
2025	-2563.1	48307.3	2050	56711.1	353213.9
2030	-5375.3	32353.9	2060	-762.3	773201.7
2035	-4193.7	8511.9	2070	-49310.9	736956.1

---

① 这里假设的延迟退休年龄政策方案为：我国于2022年开始延迟退休年龄，首先延迟女工人退休年龄，每1年延迟6个月。2032年开始延迟女性退休年龄，每1年延迟6个月，至2041年达到60岁。2042年开始延迟男女退休年龄，每1年延迟6个月，至2052年达到65岁。根据相关资料，实施单独二孩政策后约有13%的符合生育单独二孩的夫妇生育了二孩。因此，在此假设只有13%的符合生育全面二孩的夫妇生育第二个孩子。

续表

年份	当期结余	累计结余	年份	当期结余	累计结余
2040	7211.8	19817.3	2080	-170946.7	-290401.4
2046	34271.2	150219.0	2090	-307893.6	-3832380.4

说明：1. 本表数据根据曾益的研究成果整理而得。曾益：《中国养老保险基金支付缺口及应对策略》，对外经贸大学出版社2016年版。

2. 本表数据测算的假设前提是13%符合"全面二孩"规定夫妇生育二孩和实施延迟退休政策。

表4—6表明，在延迟退休年龄政策和全面二孩政策的双重作用下，"城企保"基金累计赤字出现的时点后移，二孩生育率越高则累计赤字的时点越往后；当期赤字出现的时点也与二孩生育率的高低相关。例如，假若全面二孩生育率由13%上升到20%，则基金出现当期赤字的时点会推迟三年。表4—7则显示，2040年"城企保"基金的当期结余为7211.8亿元，2050年该指标增长为56711.1亿元。但在不可逆的人口老龄化的冲击下，2059年"城企保"基金当期结余开始为负数，2060年当期结余为-762.3亿元，并在此后基金的当期收支逆差继续快速扩展。至于累计结余，2077年才开始出现负数，至2090年累计结余为-3832380.4亿元，这看上去是一个天文数字。

表4—8显示，不同的生育政策对机关事业单位人员养老保险基金长期财务运行的影响差异还是很大的。如果继续实行"一孩"政策，2040年基金的当期结余为-5669.74亿元，倘若有50%符合规定的夫妇生育二孩，则当年基金当期结余有4753.28亿元，两者相差万亿余元，至2090年更是达到了六七万亿元的差额。至于累计结余，"一孩"政策下2060年有363400.04亿元的负结余，"二孩"政策下基金当年有287269.60亿元的正结余，2078年才有6089.72亿元的负结余。但不管是否实行"二孩"政

策，机关事业单位人员养老保险基金都会在 21 世纪 40 年代出现当期收不抵支的问题，并且越往后基金收不抵支的问题越显著。

表 4—8　机关事业单位人员养老保险基金长期财务运行状况预测

单位：亿元

年份	继续实行"一孩"政策				50% 符合规定的夫妇生育二孩			
	基金征缴收入	基金总支出	当期结余	累计结余	基金征缴收入	基金总支出	当期结余	累计结余
2025	11000.20	2173.55	8826.65	84935.86	—	—	—	—
2030	12285.83	8326.12	2959.71	101260.00	15010.48	5566.75	9443.73	147910.50
2040	18903.69	24573.43	-5669.74	115850.06	24225.01	19471.73	4753.28	281521.11
2046	22382.82	37762.65	-15379.83	62700.33	30562.94	30967.78	-404.84	338910.73
2050	32942.44	38898.33	-5955.89	343897.82	—	—	—	—
2060	30604.09	64161.33	-33527.24	-363400.04	41355.67	63712.66	-22357.00	287269.60
2070	34865.01	73096.23	-38231.22	-878075.50	50815.38	69870.71	-19055.33	123210.94
2078	35296.83	77282.45	-41985.62	-1431341.68	55217.16	72072.85	-16855.69	-6089.72
2090	37737.61	80537.86	-42800.25	-2528265.75	59565.91	82835.04	-23269.12	-303215.41

说明：1. 本表数据根据曾益的研究成果整理而得。曾益：《中国养老保险基金支付缺口及应对策略》，对外经贸大学出版社 2016 年版。

2. 本表是在假设实施延迟退休政策并且政府承担全部转轨成本的基础上所做预测。

第三节　未来政府财政增长预测分析

根据前文分析，现行体制下即使实施延迟退休年龄政策和"全面二孩"政策，但在不可逆的人口老龄化冲击下，"城职保"基金未来的收支状况不容乐观，随时间推移基金收支之间的逆差愈来愈大。至于"居民保"，2011 年以来其基金的当期结余年年均为负数，如果维持现行体制，预计基金收支逆差必将持续扩大。这些快速发展的收支逆差问题，很可能给负责兜底补助支出的政府财政带来难以承担的巨大风险。未来政府财政增长情况如何，是否能持续支撑对基本养老保险基金的财政补助？下文对此进行分析。

我国经济已经由高速增长阶段转向注重高质量发展的阶段，综合考虑供给因素、制度变革和资源环境等约束条件，未来我国国民经济会保持中低增长速度。财政收入增长是以国民经济增长为基础和前提的，经济发展水平越高，国民生产总值越多，财政收入总额才能越高。当然与之相应地，适度的财政收支规模和科学的财政支出结构亦有利于社会的稳定和经济的发展。众多研究表明，财政收入增长与国民经济增长（即GDP增长）存在着稳定的函数关系。本书假设GDP与财政收入之间变动关系即财政收入弹性系数为0.23，在此基础上预测计算同期财政收入总量，预测结果如表4—9所示。

表4—9　　　　　　　政府财政收入增长预测　　　　单位：亿元，%

年份	GDP增速	GDP总量	财政收入总量	财政收入增速
2018	6.6	881712.1	185122.7	7.3
2019	6.6	939905.1	198507.1	7.2
2020	6.6	1001938.8	212774.9	7.2
2021	5.0	1052035.7	224297.2	5.4
2022	5.0	1104637.5	236395.7	5.4
2030	5.0	1634863.5	358347.7	5.3
2035	5.0	2087764.9	462515.0	5.2
2040	3.5	2484440.2	553750.3	3.7
2045	3.5	2956483.8	662320.4	3.6
2046	3.5	3059960.7	686120.1	3.6
2050	3.5	3518215.8	791518.7	3.6

说明：GDP增速预测数据来源于国家信息中心的《新时代"两阶段"战略目标下的我国经济潜在增长率预测》中的研究结果。

表4—9计算的结果显示，若2020年GDP增速继续保持6.6%，GDP总量达到1001938.8亿元，相应地，政府财政收入增长到212774.9亿元，财政收入环比增速为7.2%。2021年GDP增速下降到5.0%，政府财政收入增速则降为5.4%。2040年GDP增速进一步下降到3.5%，政府财政收入增速则降为3.7%，财政收入总量为553750.3亿元。到2050年，预计政府财政收入增速为3.6%，财政收入总量增加到791518.7亿元。

第四节 兜底责任模式下财政可持续性的实证分析

2017年3月5日，李克强总理在政府工作报告中再次明确指出，稳步推动基本养老保险制度改革、划拨部分国有资本充实社保基金。党的十九大报告提出，要深化基本养老保险制度改革，完善"城职保"和"居民保"。党和政府以及社会对基本养老保险制度的高度关注，表明我国基本养老保险制度的改革具有很大的必要性和紧迫性。但对于基本养老保险制度中的政府财政责任模式问题，是否进行改革或者何时将对财政责任模式进行调整，目前不可预知。本书假设继续在基本养老保险制度中实行原有的政府财政责任模式，并在此前提下分析基本养老保险财政补助支出是否具有可持续性。由于"城职保"基金是我国基本养老保险基金的核心部分，财政对其补助支出也占总财政补助支出的90%以上，因此对"城职保"基金财政补助支出可持续性的分析，能够总体反映基本养老保险财政可持续性状况。

一 短期内"城职保"基金财政补助需要预测

如果机关事业单位人员养老保险制度的转轨成本有其他责任

承担主体来承担以及"城企保"的个人账户被做实,亦即说,政府财政只需要对"城职保"基金的当期结余进行兜底补助,那么在政府承担全部的制度转轨成本的前提下,2018—2022年机关事业单位养老保险基金当期均有结余。因此在2018—2022年间,政府财政只需要对"城企保"基金的收支缺口进行弥补。经过计算,2018年财政对"城企保"基金需补助支出2561.5亿元,占当年财政收入的1.38%;2022年,财政对"城企保"基金的补助支出要增至5335.9亿元,占当年财政收入的比例提高到2.26%(见表4—10)。

如果"城职保"需要自行承担制度的转制成本,那么基金征缴收入就远不能满足基金当期支出的需要。表4—10显示,2018年计入当期转制成本的基金当期结余为-70173.6亿元,占当年财政收入的比例达到37.9%;2022年,财政对"城职保"基金的补助支出要增至104499.3亿元,占当年财政收入的比例增至44.2%。这种情况下的财政补助支出占比明显远超合理范围,政府财政不可能承担如此高比例的基金补助,政府财政不可能持续发展。

表4—10　2018—2022年"城职保"财政补助需要预测　　单位:亿元,%

年份	不计入转制成本的当期结余①		计入转制成本的总当期结余②	财政收入总量	财政补助占比(第①种情况)	财政补助占比(第②种情况)
	"城企保"基金	机关事业单位养老保险基金				
2018	-2561.5	5451.9	-70173.6	185122.7	1.38	37.9
2019	-2767.8	5602.6	-77541.5	198507.1	1.39	39.1
2020	-3298.9	5725.2	-85776.3	212774.9	1.55	40.3
2021	-4273.9	5849.6	-94807.8	224297.2	1.91	42.3

续表

年份	不计入转制成本的当期结余①		计入转制成本的总当期结余②	财政收入总量	财政补助占比（第①种情况）	财政补助占比（第②种情况）
	"城企保"基金	机关事业单位养老保险基金				
2022	-5335.9	5875.2	-104499.3	236395.7	2.26	44.2

说明：1. 本表根据前面的预测结果计算而成。

2. 财政补助支出占比：指的是财政对"城职保"基金的补助支出数额占当年财政收入总量的比例。第①种情况指的是财政只对"城职保"基金的当期负结余补助支出，不考虑转制成本；第②种情况考虑转制成本，即当期财政对"城职保"基金的补助支出（或者说，计入当期转制成本的当期结余）＝"城企保"当期负结余＋"城企保"当期个人账户"空账"数额＋机关事业单位养老保险基金当期负结余。

二 中长期内"城职保"基金财政补助需要预测

我国基本养老保险制度处于改革调整过程之中，是否会进行结构性改革以及各项参数如退休年龄等如何调整变化，目前还不得而知，对基本养老保险基金的收支状况做长期预测面临诸多不确定性。因此，在对基本养老保险基金的收支状况做中长期预测的基础上所得中长期内"城职保"基金财政补助支出的预测数据，能在多大程度上接近未来的实际结果不得而知。本书对此进行先行尝试。

表4—11显示，在实施延迟退休年龄和相应的生育政策情况下，如果财政只是对基金的当期负结余进行补助，2025年"城企保"所需财政补助支出为2563.1亿元，2035年的需求量为4193.7亿元。由于基金在2040年和2050年有正结余不需要财政补助，但之后对财政补助的需要会大幅上升，2070年为49310.9亿元，2090年达到307893.6亿元。

表 4—11　　　　中长期"城职保"财政补助需求预测　　　　单位：亿元

年份	城镇企业职工养老保险基金		机关事业单位养老保险基金	
	财政补助支出（不计入转制成本）	财政补助支出（计入转制成本）	财政补助支出（继续"一孩"政策）	财政补助支出（50%符合规定的夫妇生育二孩）
2025	2563.1	10520.7	—	—
2030	5375.3	17753.7	—	—
2035	4193.7	22761.3	5669.7	—
2040	—	19313.4	15379.8	404.8
2050			33527.2	22357.0
2060	762.3	762.3	33527.2	19055.3
2070	49310.9	49310.9	38231.2	16855.7
2090	307893.6	307893.6	42800.3	23269.1

说明：1. "城企保"基金当期财政补助支出预测的假设是：实施延迟退休政策和13%符合规定的夫妇生育二孩。根据表4—4计算，2018—2022年个人账户"空账"规模年均增长率为8.08%。在此假设2025—2049年间的"城企保"个人账户"空账"规模年均增长率亦为8.08%。①

2. 机关事业单位养老保险基金当期财政补助支出预测的假设是：实施延迟退休政策和政府承担全部转制成本。

3. "—"表示基金当期正结余，不需要财政补助。

如若把"城企保"当期的转制成本计入基金当期的收支，政府对"城企保"的财政补助支出会大幅度增加。2025年财政对基金补助支出数额10520.7亿元，2040年将达到19313.4亿元，2050年不需要财政补助，此后对财政补助的需要与前面一种情况同。

---

① 贾康等认为，2042年"城企保"转制成本将完全消失。参见贾康、张晓云、王敏、段学仲《关于中国养老金转制成本的研究》，《财贸经济》2007年第9期。但本书认为，如果延迟退休年龄，转制成本会因此而增加，转制成本消失的时间点（具体时点与延迟退休政策有关）会推后，本书暂假设此时间点为2049年。

如果政府承担全部转制成本并且实施延迟退休年龄政策，机关事业单位养老保险基金的财务状况主要是受不同生育政策的影响，从而对财政补助产生不同的需求水平。在继续实行"一孩"的情况下，2035年基金就开始需要财政补助，2090年财政补助需求量为42800.3亿元；倘若有50%符合规定的夫妇生育二孩，虽然不能扭转基金收支逆差的发展趋势，但状况仍将会有较大改观。2040年基金只需要404.8亿元的财政补助，2090年财政补助需求量则为23269.1亿元。

三 "城职保"基金财政补助支出的可持续性分析

根据国际经验，财政对基本养老保险基金的补助支出占当年财政收入的比例在10%左右，较有利于财政的可持续。王利军、穆怀中曾测算在不改变政府支出自然效率的前提下，我国养老保险财政支出占财政总支出的最优比重应该在10.97%左右。[1] 武萍的研究结论是，我国基本养老保险财政支出的适度水平为11.4%。[2] 徐强、张开云运用柯布道格拉斯生产函数对近20年的财政养老保险支出进行分析，得出我国基本养老保险最优的财政支出规模应为财政支出总额的11.35%。[3] 可以看出，学术界对我国基本养老保险的最优财政支出规模的观点是较为一致的，与国际经验也很接近。2017年，政府财政对"城职保"和"居民保"的总补助支出大约占到当年财政收入的6.0%。[4] 这个比重看上去较低，相比研究者所测算的最优比重尚有一定的提升空间。然

---

[1] 王利军、穆怀中：《中国养老保险财政支出最优规模测算》，《石家庄经济学院学报》2005年第6期。

[2] 武萍：《社会保险养老基金运行风险管理存在的问题及对策》，《中国行政管理》2012年第3期。

[3] 徐强、张开云：《中国基本养老保险制度的财政支出问题研究》，《社会保障研究》2015年第2期。

[4] 根据《2017年人力资源与社会保障事业发展统计公报》中的数据估算而得。

而，该比重的测算并没有把转制成本因素考虑入内。2017年5月人力资源与社会保障部发布数据显示，近四年城镇职工基本养老保险基金支出翻了一倍多，基金征缴收入与基金支出之间缺口在持续扩大。可以预计，若维持现行体制不变，该比重将很快突破其最优比重范围。

根据对短期内"城职保"基金财政补助需要的预测，如果制度的转制成本有其他的解决渠道，那么2022年"城职保"基金财政补助支出比例只需要2.26%，比2016年的4.1%还有所下降。但是假若当期转制成本也需要政府财政当年加以解决，那么该比重会急剧上升，2022年该比重需要达到44.2%。如果还要加进对"居民保"基金的财政补贴，那么政府财政对基本养老保险基金的总补贴将超过其财政总收入的一半。这显然是不可想象的。

中长期内"城职保"基金对财政补助资金需要的多少以及其是否会危及政府财政的可持续性，取决于很多因素诸如制度的转制成本能否有效化解、延迟退休年龄政策的具体规定及执行情况、生育政策是否进一步放宽以及民众的生育意愿高低等。根据测算，如果制度的转制成本需要制度自身去化解，那么单是"城企保"基金所需的财政补助就能把政府财政拖垮；如果转制成本不是由制度自身承担且实施延迟退休年龄政策但继续维持原有生育政策（"一孩"政策）不变，那么2050年机关事业单位养老保险基金所需财政补助支出占当年财政收入的比例为4.23%左右，若叠加"城企保"和"居民保"基金所需财政补助资金，基本养老保险基金财政补助支出占当年财政收入将大大超过其最优比重范围；如果制度转制成本都已解决、实施延迟退休年龄政策并且鼓励生育，那么基本养老保险基金的财务状况将有很大好转，对政府财政的补助需求也会较之下降很多，基金出现负的当期结余以及负的累计结余的时点会相对推迟，但由于人口老龄化趋势的不可逆，基金将会在21世纪后半期产生对政府财政补助的巨量需求。2090年一个"城企保"的财政补助需求量就达到307893.6亿元，如果政府财政继续实行兜底补助，那时将会对政府财政造成巨大冲击。

第五节 小结和政策含义

本章对基本养老保险领域中政府财政的资金补助负担情况进行了分析评估：历史以来政府财政对基本养老保险基金的相关补贴数据表明，迄今为止政府财政对基本养老金的补贴支出并没有超出其最优规模的范围，但是制度对于政府财政补助资金的依赖程度在不断提高；对未来"城职保"基金财政补助需求的预测研究表明，如果不进行多方面的改革调整，基本养老保险基金未来收支缺口规模将迅速增长，政府财政兜底补助压力巨大。

兜底补助的模式使政府财政被基本养老保险制度绑架，未来的养老金支付出现任何风险无疑都将增加中国政府未来的财政风险：个人账户"空账"、人口老龄化以及资本市场不完善等因素使基本养老保险基金收支逆差问题突出，制度的持续运行依赖于巨额的财政补助。然而一定时期内的政府财政收入是一定的，一定时期内政府的支出项目也是基本不变的，在总财力一定的情况下，各项支出的关系是此消彼长。如果政府用于支持基本养老保险方面的支出过多，必然会挤压其他公共支出项目，比如教育、就业等。如果财政一直背负着补助基本养老保险收支巨大缺口这个沉重的负担，而且这个负担随着时间滚雪球似的越来越大，那么将严重影响财政资源的配置效率，使得财政没有足够能力在宏观调控、就业等方面发挥应有的作用。因此，本书认为，为避免政府财政被拖入不可预知的兜底补助深渊,同时又要促进基本养老保险制度功能的有效实现,必须在改革基本养老保险制度的基础上,调整基本养老保险制度中的政府财政补助模式,实现基本养老保险制度与政府财政两者的可持续发展。

第五章

智利、美国和瑞典养老保险制度财政责任的变迁与启示

20世纪80年代开始了一场席卷全球的以养老保障为核心的社会保障制度改革,各国社会保障制度改革的原因和措施有所不同,发达国家主要是因为人口老龄化带来的财政压力以及效率损失等原因,对制度进行了结构性及参数改革;发展中国家主要是基于经济社会体制转型而进行社会保障制度改革的,改革的措施亦与发达国家有所差异。但无论是发达国家还是发展中国家的改革,这些改革措施的本质都是对社会保障责权关系在政府、个人、雇主以及社会之间的重新调整。在经济增长速度放缓和人口老龄化双重压力下,政府财政责任的调整或将成为未来社会保障责权关系调整的重点。目前理论界已经有了一些对国内"城职保""居民保"政府财政责任评估的研究成果,本章则从国际经验角度来探讨基本养老保险制度政府财政责任的调整问题,下文在回顾智利、美国及瑞典社会养老保险制度发展历程的基础上,分析其政府财政责任的演变及特征,探求对我国基本养老保险制度政府财政责任改革的启示。

第一节　智利养老保险制度财政
责任的变迁及特点

智利是世界上较早建立养老保险制度的国家之一，其制度的建立是在工业化背景下由欧美资本和移民的推动所致，养老保险制度建立后的历次改革亦与国内国际多种因素相关。作为国际上养老保险私有化的先驱和新自由主义理念的忠实贯彻者，智利养老保险制度改革的经验教训值得我们借鉴。

一　智利养老保险制度的变迁

19 世纪末期，为解决军队人员的养老问题，智利政府开始为其设置养老保险制度。1911 年，这项保障制度覆盖到了铁路工人。1925 年，智利政府将养老保险的覆盖面扩展至普通工人和其他正规行业的职工，由此养老保险的覆盖面日益扩大并于 1974 年达到顶峰，覆盖总劳动力人数的 79%。受德国社会保障模式的影响，智利建立的养老保险制度以现收现付、公共管理为主要特征。但与多数欧洲国家不同，智利首先是为军人而非为产业工人建立养老保险，另外智利的养老保险体系是以行业和部门为基础建立起来的，条块分化非常明显，待遇水平差距较大，而对处于社会底层的众多非正规就业群体而言，智利并未建立适合它们的就业和收入特点的养老保险体系。① 因此，20 世纪 80 年代改革前的智利养老保险制度带有明显的体系分割和待遇差别化特征，该养老保险制度逐步陷入危机。

---

① 郑军、海川：《智利养老保险制度早期发展脉络的政治经济学分析》，《拉丁美洲研究》2010 年第 6 期。

总体而言，改革前的智利养老保险制度是一个福利水平高、公平性低、管理低效的制度。由于盲目提高养老金水平、公立管理机构低效与人口老龄化等因素，到了20世纪70年代智利开始陷入养老金入不敷出、政府财政危机严重的困境。1973年智利发生军事政变，新上台的军政府在社会保障领域强势推行新自由主义改革，建立养老金三支柱体系。1980年智利颁布《养老保险法》，1981年开始进行养老金私有化改革，彻底抛弃以前的现收现付为特征的公共年金制度，实行以个人缴费、建立个人账户并实行完全积累财务模式、养老基金进入资本市场并交由私营基金公司进行管理运营为特征的基本养老保险制度（AFPs）（第二支柱）。除此之外，政府为积累的养老金达不到最低水平的老年人提供最低养老保障金（MPG），这构成了智利养老金体系的第一支柱。第三支柱为自愿性个人养老金储蓄计划，该储蓄享有政府给以的税收优惠，并且在计算最低年金时不计算入内。

积累制在激发劳动者缴费积极性、发挥市场机制等方面的作用比较明显，积累的养老基金对智利资本市场以及经济发展起了比较大的推动作用。但随着时间的推移，私有化改革的弊端逐渐暴露出来，例如覆盖率低、养老基金缺乏共济性、贫富差距扩大、资本市场回报率不稳定等问题日益突出。至21世纪，被喻为"新自由主义实验"的智利养老制度走到了十字路口，民众纷纷走上街头，抗议运行多年的私人养老保险制度。针对积累制下老年贫困率上升、贫富差距扩大问题，2008年智利巴彻莱特政府进行养老保险改革，推出"团结养老金计划"（SPS），取代原有的最低养老保障金计划。新计划给在智利居住至少20年（必须包括退休前5年中的4年）、同时家庭收入属于后60%范围内的智利居民（不是公民）在退休时都按月发放一份基础养老金。除此之外，巴彻莱特政府养老保险改革还扩展了自愿养老保险支柱。①

二 智利基本养老保险制度政府财政责任特点

2008年的养老保险改革使智利政府财政责任得到了一定程度回归,但改革并没有解决制度养老金保障水平低、贫富差距大的根本问题,民众依然不断走上街头要求对制度进行更大幅度改革,这表明智利养老保险制度需要进一步改革。智利养老保险制度在发展过程中所形成的政府财政责任特征如下:

第一,智利养老保险制度改革过于激进,政府财政责任的调整矫枉过正。20世纪80年代改革前的智利养老保险制度总体上是一个个人缴费比例低、养老金给付慷慨的高福利制度,这种以确定给付为主的养老金制度给政府财政造成了极大负担。到了20世纪70年代,该模式下的退休金负债占智利全年GDP的126%,整个国家财政在退休金制度的拖累下濒临破产。②皮诺切特政府痛定思痛,按照新自由主义和世界银行的主张,于1981年开始彻底的退休金私有化改革,立法要求雇员每月必须缴纳10%的薪资进入AFPs账户,雇主无须缴纳,雇员退休后养老金水平由AFPs账户积累额决定。可见,经过私有化改革,智利养老金责任模式由政府、雇主和雇员三方负担变为雇员单方自我负责,只有当雇员退休时其养老金水平达不到最低保障水平的情况下,政府财政才出面给予兜底保障,政府财政责任模式由无限责任激进转为抽身而退。雇员单方自我负责养老金的责任模式其后果非常明显,就是雇员间养老金积累数额的两极分化、整体养老金水平的大幅下降以及老年贫困发生率的不断上升。

---

① 孙树菡、闫蕊:《2008年金融危机下智利养老金三支柱改革——政府责任的回归》,《兰州学刊》2010年第1期。
② 《智利养老金如何从典范落得人人诟病》,2018年4月1日(http://finance.sina.com.cn/roll/2016-09-29/doc-ifxwkvys2337900.shtml)。

第二,智利养老保险制度改革并没有减轻政府的财政责任。1981年智利养老保险制度向积累制转型,意味着每个职工未来的养老金水平取决于其个人的缴费情况,但政府不得不为已退休者和继续工作者在旧制度下所积累的养老金权益而筹资,还要基于减贫之目的为缴费不足的退休者提供一定水平的基础养老金而筹资,巨额制度转轨成本加上减贫开支,导致智利养老金的财政成本一直很高,而且持续存在。1987—2004年,政府的直接养老金开支年均达到了GDP的5.7%。① 有研究指出,1981—2015年智利养老金制度转轨成本占GDP比重基本保持在3%—4%;为向符合条件的老人提供救济性质的养老金,该项财政资金支出预计2025年将达到GDP的1.3%。②

第三,2008年以来巴彻莱特政府的养老保险体系改革,一定程度上加强了智利政府的养老保险财政责任,但政府的财政责任仍没有真正回归。巴彻莱特政府改革了三支柱养老金体系,在保留AFPs账户(第二支柱)、扩展其覆盖面的基础上,新增团结养老金计划(SPS)取代原来的MPG计划(第一支柱),放宽限制加强自愿个人储蓄养老保险计划(第三支柱)。相比原有养老金体系,新养老金体系通过改善低收入老年人养老金替代率(第一支柱团结养老金计划)、为部分低收入工人AFPs账户提供缴费补贴(第二支柱)以及提升自愿个人储蓄养老保险计划(第三支柱)的财政刺激因素等方式,加强了政府在养老保险体系中的财政责任。但2008年改革只不过是1981年版的加强版,作为养老保险体系核心部分的第二支柱即基本养老金计划其资金责任模式并没有根本改变,导致基本养老金替代率相比其他国家要低很

---

① [美]尼古拉斯·巴尔、彼得·戴蒙德:《养老金改革:理论精要》,郑秉文等译,中国劳动社会保障出版社2013年版,第158页。

② 《智利基本养老保险制度概况》,2018年4月10日,中华人民共和国财政部网站(http://zys.mof.gov.cn/pdlb/tszs/201601/t20160122_1655120.htm)。

多，这成为民众走上街头抗议的导火索。2010年智利基本养老金替代率①为18.8%，2016年下降至5.8%，与其他国家相距悬殊。例如，2010年和2016年OECD 34国平均的基本养老金替代率分别为57.2%和52.6%，同期EU 27国的平均基本养老金替代率分别达到了58.3%和54.9%。② 因此，民众希望政府在养老金体系中承担更多的责任，甚至欢迎将AFPs体系重新国有化，希望建立一个不仅仅只有雇员个人缴费，还应包括雇主和政府共同出资的基本养老金体系框架。

第二节　美国养老保险制度财政责任的变迁及特点

美国养老保险制度财政责任的变化，与其意识形态转变、经济社会变迁以及人口年龄结构变化等因素相关，其财政责任的变迁及其特点对我国建设多支柱养老保障体系、调整养老保险政府财政责任有重要启示。

一　美国养老保险制度的变迁

美国的养老保险是从地方政府对居民救助发展到由于军事的需要而开始了社会养老保障的制度设计，因此美国养老保险制度的发展首先是从各州开始的。1915年阿拉斯加州建立养老保险制度，1923年蒙大拿州、内华达州和宾夕法尼亚州也陆续建立了养

---

① 此基本养老金替代率计算公式为：挣得社会中位收入或平均收入50%的劳动者所得基本养老金除以其个人收入再乘以100%。
② 数据来源于：OECD, Pensions at a Glance 2017: OECD and G20 Indicators, OECD Publishing, Paris, https://doi.org/10.1787/pension_glance – 2017 – en. 2017 与 OECD, Pensions at a Glance 2011: Retirement – income Systems in OECD and G20 Countries, OECD Publishing, Paris, 2011, https://doi.org/10.1787/pension_glance – 2011 – en.

老保险制度。20世纪30年代，佛朗西斯·汤森领导开展了一场向联邦政府争取老年人经济保障的"汤森运动"，这场运动虽然最后失败了，但引起了美国全社会对老年人养老问题的关注。

20世纪30年代经济大危机的爆发直接推动了美国养老保险制度的产生。美国是一个典型的自由资本主义社会，在德国等欧洲国家建立了养老保险制度或其他形式的社会保险制度几十年后，美国政府才于1935年通过了《社会保障法》，在全国范围内建立养老保险制度。美国政府依据该法开征工薪税并建立老年保障储备基金，创立养老保险制度和老年救助制度。1939年修订该法案，将此基金改造为老年和遗属信托基金，1957年建立残障保险信托基金，两者合并为老年、遗属和残障保险信托基金（简称社会保障基金），从而形成了以现收现付为特征的基本养老保险制度。

由于美国社会把市场效率视为圭臬，反对政府过度干预经济和提供高水平福利，所以与欧洲相比，美国基本养老保障水平不高。另外，美国的人口老龄化问题也不突出，社保基金总体保持盈余状态，因此在20世纪80年代之前，美国基本养老保险制度并没有进行大幅度的改革。但随着经济增长速度的放缓以及人口年龄结构的不断老化，政府财政压力不断加大，美国基本养老保险制度开始步入改革阶段。20世纪80年代以来的改革多以新自由主义为理念，不断对基本养老保险制度中的责权关系进行调整，为此对基本养老保险制度进行了参数改革与结构式改革：参数改革包括提高法定退休年龄、社保工薪税率，调整项目覆盖范围即待遇水平，结构式改革主要是发展三支柱养老保险体系。经过几十年的发展，美国形成了包括公共（基本）养老金（OASDI）、雇主养老金计划（如401K）和个人储蓄养老保险在内的三支柱养老保险体系。

总的来说，美国的养老保险体系是多元化的，65岁以上老年人收入构成中大约40%来源于公共（基本）养老金。相对而言，低收入老年群体对基本养老金依赖性较强，而职业年金和个人储蓄养老金及资产收入则是高收入老年群体收入的重要组成部分。结构均衡的多支柱养老保险体系，使得美国既享受了适度的养老保险制度带来的正面效应，也避免了过于慷慨的基本养老金所产生的负面影响。

二 美国基本养老保险制度政府财政责任特点

经过多年的改革和调整，美国养老保险制度个人责任思想得到强化，政府财政责任得到一定程度减轻并形成比较鲜明的特征：

第一，美国养老保险制度政府财政责任模式类似于"兜底"式。美国养老保险制度并没有明确规定政府财政对于养老保险制度的财政支出责任，但实际上政府每年为制度的运行提供财政支持，并且补贴规模随受益人数的增加而不断扩大。2004年OASDI总收入657.7亿美元，其中缴费553亿美元，投资利息89亿美元，财政支持的15.7亿美元占基金总收入的2.4%弱；[①] 2011年OASDI总收入6988亿美元，其中13%来自各项财政支持，数额为908.4亿美元，另外还有3%来自税收优惠。[②] 可以看出，美国政府未在缴费环节提供财政支持，而是以补贴的形式充实OASDI基金以防范制度的收支不平衡问题。相对而言，美国的基本养老保险财政支出较其他OECD国家低。据统计，2010—2015年美国财政养老支出占GDP的4.9%，同期意大利、法国、奥地利、日

---

① 余隆武：《美国OASDI研究》，硕士学位论文，武汉科技大学，2006年，第31页。
② 李东平、孙博、杨婷、姚远、邱薇：《美国第一支柱养老金——联邦公共养老金（OASDI）计划管理运作及借鉴》，2018年4月16日（http://www.bisf.cn/zbscyjw/yjbg/201403/8becb911b86e47-70bbe48338e76469b0.shtml）。

本和德国的数据分别为 15.7%、14.9%、13.9%、11.2% 和 10%。① 若维持现有养老保险制度模式，中国到 2050 年需要安排占当年 GDP 的 8.47% 以上的财政资金予以补贴；美国当前也已存在资金缺口，但资金缺口增长速度相对较缓，2050 年只需要安排占当年 GDP 1.75% 左右的财政资金予以补贴。② 美国财政养老支出较低，得益于其较年轻的人口结构和发达的补充养老保险计划。

第二，美国养老保险三支柱中政府财政责任存在差异。美国的三支柱养老保险体系中，第一支柱联邦公共养老金计划居于基础地位，覆盖全国 96% 的就业人口，是美国老年人生活保障的第一来源。养老金在联邦政府层面进行全国统筹，以税收的形式强制征收，由雇主和雇员共同缴纳。政府财政对 OASDI 的支持体现在，当基金收支不平衡时给以兜底保障；第二支柱雇主养老保险计划（如 401K 计划），政府主要通过税收优惠对其予以支持，雇主、雇员向个人账户注入资金免征个人所得税。截至 2011 年，约 60% 的美国家庭拥有 401K 养老金账户；第三支柱个人储蓄养老计划（IRA），个人储蓄养老保险计划实行自愿参保的原则，无论是否参加了其他养老保险计划。政府对个人开设退休账户提供缴费不计个税或投资收益免税两种税收优惠，以鼓励个人储蓄养老的发展。

第三，美国养老保险制度政府财政责任存在区域差异。相比于其他国家，美国不同州的养老保险制度存在差异，因此其区域间养老保险政府财政责任也不尽相同。养老保险制度及其中政府财政责任地区差异的形成，与美国历史以来盛行的联邦主义相

---

① Congressional Budget Office (CBO), CBO's 2016 Long-Term Projections for Social Security: Additional Information, 2016-12-21, https://www.cbo.gov/publication/52298.

② 汪德华：《中美财政可持续性比较分析》，《China Economist》2017 年第 4 期。

关。联邦主义主张州和地方政府更多地发挥作用，要求合理划分个人和政府之间、联邦政府和州政府之间的社会保障责任。1969年尼克松的竞选口号是"还政于州，还政于民"，旨在加强州和地方在解决各种经济和社会问题中的作用，进而克服由于不断扩大联邦政府对经济和社会生活的干预而造成的积弊。里根政府则主张并推动社会保障的地方化。因此，各州对其养老保险制度的建立和发展拥有直接的权利和义务，制度运行以来各州及地方政府实际承担了50%左右的财政资助比例。另外，由于经济社会发展水平与财政支出政策方面的差异，各州所建立的养老保险制度呈现差异化特征，各州政府在其中的财政责任也有较大的差异性。

第三节　瑞典养老保险制度财政责任的变迁及特点

瑞典现行的是自2001年开始实施的以名义账户制为核心的三支柱养老保障体系，历经多次改革而得到发展和完善。效率的损失、财政财务的压力，是推动瑞典于20世纪90年代进行养老保障制度改革的重要因素，制度的变迁必然内含了政府财政责任的调整。

一　瑞典养老保险制度的变迁

"二战"后，瑞典继英国后建立起福利国家型社会保障制度。以"二战"为划分节点，瑞典养老保险制度大致可划分为四个阶段：第一阶段：1905—1913年，为瑞典社会养老保险制度建立阶段。在工人运动的压力下，德国俾斯麦政府于1889年颁布《老年、残疾和遗属保险法》，为工人阶级建立世界上第一个社会养老保险制度，如此影响了其他西方工业国家。1884—1898年，瑞典议会组织的"工人保险委员会"几番提出建立养老金制度的报告，均没有被采纳。1905年，瑞典政府成立了有关养老金问题的专门委员会，该委员会在历时五年的相关调查后形成了一个报告，并依此形成了养老金法案，该法案于1913年被议会通过，瑞典因此而建立起基本（社会）养老保险制度。该法案规定，瑞典实行普遍型和强制性缴费养老保险制度，制度覆盖18—66岁的公民。

第二阶段：1913—1946年，为瑞典基本养老保险制度初步发展阶段。制度建立以后直至30年代，瑞典基本养老保险制度一直没有得到很大发展。制度所提供的养老金津贴标准较低，根本难以满足老年人的基本生活需要。1921年，缴费型养老金水平仅相当于同期工人工资的0.003%，附带家计调查的养老金占工人工资的比例不超过17%。1938年社会民主党成立国家福利委员会，其中心任务是提出社会福利改革与发展的方案，尤其是养老金制度改革方案。

第三阶段：1946年至20世纪80年代，是瑞典社会养老保险制度快速成熟阶段。"二战"后，瑞典继英国之后建设了福利国家型社会保障制度。高福利框架下的养老保险制度由两部分组成：一是国家基本养老金计划（Folk Pension，FP），瑞典于1946年规定凡年满65岁以上且在瑞典居住满3年的退休人员，均可领取既无数额差别亦无区域差异的养老金，其资金来源于居民工资税。二是补充性养老计划（Supplementary Pension System，SP）。1946年议会通过一项新的养老金法案，根据此法瑞典政府于1960年建立ATP。ATP是一种强制性、政府管理、DB模式的养老金，资金来源于雇主缴费，为退休人员、残障人士和遗属提供年金。可以看出，BP和ATP计划没能体现个人权利与义务的紧密结合，缺乏个人缴费激励。在此阶段，瑞典养老金领取人数持续增加，养老金津贴水平快速提高，政府财政压力不断加大，政府财政可持续性受到挑战。

第四阶段：20世纪90年代至今，制度的改革与完善阶段。长期以来，瑞典的养老保障制度设计为消除"老年贫困"发挥了重要作用。但20世纪70年代末瑞典开始出现经济增速明显放缓以及人口老龄化问题，高税收、高福利的模式既挫伤了劳动者劳动积极性又诱发了严重的福利依赖现象。为此，20世纪90年代开始瑞典对养老保障体制进行了根本性改革，削减福利水平，强化个人缴费责任，并建立个人账户，实现养老金待遇与缴费完全挂钩的新型养老保障制度。1999年通过养老保险改革法案，2001年新制度正式实施，从而形成三支柱养老保障体系，第一支柱是国民年金，主要面向无收入及低收入的老年人，资金源于政府税收；第二支柱是收入关联养老金，一般由雇主和雇员分别按照工资总额和缴费工资各缴纳9.25%来承担，这部分由名义账户（NDC）和实际积累账户（FDC）两块构成；第三支柱是职业年金，即为在职居民所享有，平均费率为工资总额的3%—5%。为保值增值，收入关联养老基金和职业年金都交由基金管理公司进行投资运营。除此之外，瑞典政府还积极鼓励发展私人养老保险，对私人养老金计划给予税收优惠。

二 瑞典基本养老保险制度政府财政责任特点

瑞典养老保险制度历经建立—初步发展—快速成熟—改革的发展过程，已经形成了多支柱养老保障体系框架，政府财政责任也日趋完善。瑞典养老保险制度政府财政责任表现为以下特点：

第一，随着制度的变迁，瑞典养老保险政府财政责任由无限责任向有限理性变迁。20世纪90年代改革前的瑞典养老保险实行以确定给付为特征的公共年金制度，这一制度包括三部分，一是1914年建立的国民年金（FP），实行普惠制，资金源于政府税收；二是1946年建立的基本养老金（BP），由雇员缴纳个人工资总额的1%加雇主缴纳雇员工资5.83%以及政府财政提供基本养老金总需要的25%构成；三是1960年建立的补充养老金（ATP），资金来源于雇主缴费。改革后，国民年金部分由普惠制转为无收入和低收入人群，凸显了瑞典政府只为最需要的人提供兜底保障的财政责任理念；改革前BP尤其是ATP部分，个人缴费与养老待遇之间的联系很不紧密，导致劳动力市场的扭曲以及收入的逆向分配等问题。基于此瑞典设立收入关联养老金，由雇主和雇员分别按照工资总额和缴费工资各承担9.25%的缴费责任。改革后的收入关联养老金由名义账户、实际积累两块组成：名义账户（NDC），由社会保险管理局将缴费的16%计入参保人员账户，但此账户是非实际积累的个人账户。实际账户（FDC），由养老基金管理公司将缴费的2.5%划出后投资到基金公司进行投资运营。名义账户与实账积累账户积累额作为个人退休时领取养老金的依据，养老金待遇的高低直接与缴费相关，从而突出了个人责任与权利，最大限度地激励参保人员多缴费、多积累，从而减轻政府负担；新制度还建立了职业年金计划，平均费率为工资总额的3%—5%，目前瑞典国民中90%以上的在职人员参加了职业年金。职业年金计划的实行，有利于降低基本养老保险费率，从而减轻政府财政的兜底责任。据统计，2015年瑞典公共养老储备基金资产1478.83亿美元，占当年GDP比例为29.5%。与此相对应的是，2016年瑞典私人养老金计划资产达到3892.64亿美元，占当年GDP比例为80.6%。

第二，瑞典财政养老金支出水平总体控制较为合理。瑞典国民年金的领取条件是年满65周岁且在本国居住三年及以上，要领取全额国民年金，须于16—65周岁之间在瑞典居住总计满40周年及以上，不满40周年的，每少一年减1/40的养老金，并且其发放要经过严格的家计调查。同时，对已经领取收入关联性养老金的参保人，要按照一定的系数予以扣除。由于国民年金精准定位于保障低收入老年群体的最低生活需要，职业养老金和私人养老金比较发达，第二支柱养老金计划财政补助需求不高，因此瑞典政府财政养老金支出水平并不算高。例如，2000年、2007年与2013年瑞典政府财政养老金支出占当年政府财政收比例分别为12.8%、14.1%与14.7%，同期OECD平均的比例为16.5%、16.5%与18.1%。据预测，未来几十年瑞典财政养老金支出水平有稳中下降趋势，财政养老金支出占GDP比重将可能会由2010年的8.5%降到2030年的8.3%再降到2050年的7.3%。

第三，瑞典政府在养老保险各支柱中的财政责任存在差异。瑞典新制度包括三部分，国民年金、收入关联养老金和职业年金，瑞典政府财政在这三部分的财政责任是不同的。国民年金作为为弱势群体提供的兜底保障，其资金全部来源于政府财政，凡年满65周岁且在瑞典居住满40年的低收入和无收入的老年人，均可领取每年一定数额的国民养老金；收入关联养老金来源于雇主和雇员缴费，当收入关联养老金低于一定数额时，由政府财政承担补足责任。这部分养老金由政府财政承担兜底责任，但目前为止该部分运行良好；职业年金部分，政府财政则不予直接介入。由此可见，差异化的制度安排相伴随的是政府财政责任的差异化，也必然会伴随不同养老金计划财政责任规模与人均财政待遇的差异。

第四，中央与地方政府在养老保险财政责任方面存在差异，并且处于不断调整状态。"二战"前，瑞典养老保险制度的核心是普遍制的国民年金计划，该年金计划资金主要来源于中央财政。20世纪50年代末，中央财政补助资金占基本养老保险财政支出的比例下降到45%，地方政府财政对养老基金的补助支出占总财政支出的比例一直稳定在15%左右。在20世纪60年代初至70年代中期，中央财政资助比例逐渐上升到65%左右，70年代中期之后降到30%，这段时期地方财政资助比例保持在10%。2008—2013年，中央政府社会保障支出比重达到50%左右，地方政府和社保基金支出各占25%左右。但横向来看，地方政府和社保基金会支出增长速度快于中央政府，这说明瑞典政府逐渐下放事权增加地方政府和社保基金会的筹资责任，以减轻中央政府负担。

第五，财政养老责任致力于促进基本养老金的横向再分配。瑞典通过为低收入者提供基本养老金补足、向高收入者征收养老金所得税等财税方式，使其低收入者的基本养老金替代率超过较高收入者的替代率，由此基本养老金具有了比较强的横向再分配功能。据统计，2010年挣得社会中位收入或平均收入50%的劳动者所获得的基本养老金替代率，是挣得社会中位收入或平均收入者的1.67倍，是挣得社会中位收入或平均收入150%者的2倍；2012年这两项数据分别为1.43倍和1.89倍。另外从老年贫困发生率指标来看，瑞典历年都大大低于很多其他国家，并显著低于OECD的平均水平。[①] 2018年，瑞典成功当选全球贫富差距最小的国家，其社会保障制度包括基本养老保险制度功不可没。

第四节　小结和启示

一个国家基本养老保险的保障待遇应该有多高？政府应该投入多少财政资金用于基本养老保险支出？基本养老金待遇给付中

---

① 数据来源：OECD Pension Models, https://www.oecd-ilibrary.org/finance-and-investment/pensions/indicator-group/english_80d8284c-en。

应有多少来源于财政补助？实践中各国并没有统一的答案。

按照资金来源及待遇给付的不同，当前世界养老保险制度模式可分为强制储蓄型、投保资助型和福利国家型。智利是强制储蓄模式基本养老保障制度的代表，认为市场经济是实现社会福利的有效途径，自由竞争是养老资源配置的最佳方式，政府仅限于提供底线保障；美国基本养老保险制度属于投保资助模式，该模式注重个人、雇主与政府之间的责任划分，养老基金主要来源于雇主和雇员，政府承担最后出场角色；瑞典为民众提供了福利国家模式的基本养老保险制度，该制度为全民提供资金主要来源于政府税收的基本养老保险保障。因此，智利、瑞典和美国三个国家在基本养老保险领域中的财政责任具有较大差异性。三种模式的基本养老保险制度在实际运行中，既有经验也有教训，很难说哪一种模式更具有优越性。但是，历史以来智利、瑞典和美国三个国家在基本养老保险领域中的财政责任调整仍然给予了我们丰富的启示：

第一，基本养老保险领域中政府的财政责任不可或缺。基本养老保险的准公共物品性质决定了政府财政必须介入基本养老保险领域，公共财政固有的"取之于民、用之于民"功能也决定了政府财政必须承担相应责任。基本养老保险在产品属性上具有公共物品或准公共物品的属性，即社会性、非竞争性和非排他性，这种性质决定了基本养老保险产品不可能完全由自由市场中的私人部门来提供，必须通过政府干预来实现全体社会成员利益最大化。财政作为政府干预的主要手段，其介入基本养老保险领域，既是基于促进社会公平的目的即人人均享基本养老保障，还在于政府能够利用财政收支政策调节基本养老保险总供给和总需求，使之保持基本平衡从而有利于整个宏观经济的稳定。另外，基本养老保险基金亦与国家财政有着紧密的联系，基本养老保险基金的筹资模式、规模以及给付都会对国家财政产生直接影响。未将基本养老保险基金纳入政府财政预算的国家如智利等，虽然基本养老保险基金收支与政府财政没有直接联系，但基金一旦出现收支危机，政府财政就必须出面承担兜底责任；将基本养老保险基金纳入政府财政预算的国家如瑞典等，其基金收支规模直接影响政府财政收支规模。当经济处于上升时期时，就业人数多，养老保险基金收入规模就越大，政府财政规模就越大，政府财政对基本养老保险基金的支持能力也就越大。反之，经济下行或人口老龄化状况下，养老保险基金收入规模缩水，财政用于养老金给付的压力就会增大。因此，世界上任何模式的基本养老保险制度政府财政都参与其中，只不过参与的程度不一。

第二，基本养老保险领域中的政府财政责任及其调整要适度。基本养老保险领域中的政府财政责任过重或过轻，对基本养老保险制度的发展都不利。以瑞典为代表的福利国家，每年消耗巨额的公共支出为国民提供高水平养老金，长此以往的后果就是打击了劳动积极性、形成福利依赖以及整个国家经济社会竞争力的下降。20 世纪 90 年代的养老保险改革引入名义个人账户制，既增强了个人缴费与其基本养老保障待遇的紧密联系，从长远有利于减轻政府财政负担，同时又规避了实际个人账户制的巨额转制成本；1981 年改革前的智利基本养老保险制度总体上也是一个高福利制度，政府财政补助负担十分沉重，一度使国家财政到了要崩溃的边缘。1981 年智利通过养老保险改革，使政府财政从基本养老保险制度中急遽退出，建立了只有雇员个人缴费的个人账户资本化的 AFPs 计划。由于缺乏责任共担机制、制度储蓄效率损失以及共济性严重不足，该计划运行的结果就是众多老年人的实际退休金大大低于新制度所预估的水平，老年贫困发生率飙升。由此可见，基本养老保险领域中政府财政责任若不适度就需要调整,而在对政府财政责任进行调整时,不能忽视了基本养老保险准公共物品的属性,否则容易导致政府财政责任从越位走向缺位。

第三,客观认识基本养老保险政府财政责任在不同政府层级间以及地区间的差异性。进行基本养老保险制度改革,实质上就是为了调整其中的责、权、利关系。20世纪90年代的瑞典养老保险制度改革,重点是调整政府与个人在基本养老保险方面的责、权、利关系,另外还在于均衡中央政府与地方政府的关系。在基本养老保险责权关系中,中央政府与地方政府的关系极为关键。基本养老保险领域中央政府与地方政府的责权关系是否科学合理,直接影响基本养老保险产品供给的公平性与效率性。如果地方政府在基本养老保险制度中事权与财权不匹配,又缺乏科学的转移支付机制,必然导致基本养老保险产品总供给不足、地区间基本养老保险待遇不均衡等问题。因此瑞典养老保险制度改革与发展的过程,也是瑞典中央政府与地方政府的责权关系不断调整的过程。另外,由于基本养老保险准全国性公共物品[①]的属性,其正外部性的外溢效应是中央和地方共享的。因此作为准公共产品的基本养老保险供给责任,应由中央和地方政府合理分担;但作为准全国性公共物品的提供,中央政府承担相对更多的财政支出责任,地方政府相对更多承担的应是事务责任。

基本养老保险制度作为一项非常重要的基本公共服务制度,政府财政介入其中的目的之一是促进基本养老保险待遇均等化供给:首先是群体间的均等化供给,瑞典等国家通过多种财税手段提高低收入者的基本养老金替代率,缩小了群体间的养老金差距;其次是区域间的均等化供给,中央财政介入其中很重要的一

---

① 公共产品按照受益范围,可分为全国性公共产品、准全国性公共产品以及地方公共产品。本书认为,基本养老保险属于全国性公共产品,介于全国性公共产品(如国防)和地方公共产品(如公园)之间。

个目的是促进地区间基本养老保险服务的均等化。不过美国基本养老保险中央政府与地方政府财政责任的地区间差异表明，基本养老保险区域间政府财政责任的差异性是客观存在的，这种差异性与各地区差异化的经济社会条件密不可分。基本养老保险服务的地区均等化，并不意味着各地区提供完全一致水平的基本养老保障，而是在保障底线公平的基础上允许地区间的差异化。在各地区提供基本养老保险过程中，中央政府通过差异化的财政政策保障各地区民众都能够获得基本的养老保险服务，在此基础上地方政府可以根据自身财政能力决定对基本养老保险制度的支持力度，由此形成差异化的基本养老保险财政责任。

第四，在完善多层次养老保险体系过程中，改善基本养老保险政府财政责任。智利、瑞典和美国三国都较早建立了养老保险的三支柱体系，其基本养老保险制度财政责任改革都是在多支柱框架下进行的。三支柱体系中的第一支柱是非缴费型养老金计划，旨在消除老年贫困，为终生贫困者和没有资格领取基本养老金或基本养老金水平过低的退休者提供最低水平保障，第一支柱是任何完备的养老金体系所必不可少的基础部分；第二支柱基本养老保险计划和第三支柱职业年金计划是以就业缴费为前提的，增加基本养老待遇与个人就业、缴费的联系，旨在促进个人自我保障与企业的社会责任。然而由于三国的国情不同，三国所建立的养老保险多支柱体系及其改革都存在差异，例如三国间的养老保险第一支柱的待遇资格条件以及形式存在差异，第二支柱基本养老保险计划和第三支柱职业年金计划（或个人储蓄养老金计划）的养老金筹资和管理模式也有所不同，从而体现的政府财政责任也不相同。随着经济发展水平的变化以及人口年龄结构的老化，诸多国家开始重构其三支柱养老金体系，以改善制度的财务可持续性、公平性以及政府在其中的财政责任。例如智利，为弥补个人账户资本化的第二支柱 AFPs 所带来的基本养老金待遇大幅下降的问题，大力推行"团结养老金"计划并积极扩展个人储蓄养老金计划，增强了政府在非缴费型养老金计划和个人储蓄养老金计划中的财政责任；瑞典政府则实施了对领取国民年金（第一支柱）待遇资格、增加第二支柱养老金待遇与个人缴费的联系等改革措施，旨在完善其多层次的养老保险体系，并改善政府在其中的财政责任，从而实现再分配性与激励性的兼容目标。

第五，重视基本养老保险财政责任调整的生态环境。基本养老保险制度的发展与完善，离不开制度生存的"土壤"，制度的改革与调整必须适应制度所生存的生态环境。例如美国养老保险制度从建立到发展再到调整，都是与美国当时的经济状况、执政党执政理念、自由主义的文化演变、人口老龄化等因素密不可分的，这些因素直接影响了美国养老保险制度中政府的财政责任设计。1981 年智利能够推进彻底的养老金私有化改革，与皮诺切特军政府的强势政治和民众对公共年金制度的不满与失望高度相关。20 世纪 90 年代，瑞典政府开展了对养老保障体系的根本性改革，大幅度削减福利水平，建立名义个人账户制强化个人责任和缴费义务。这些改革措施能够获得民众支持，一个重要的原因在于瑞典长期执政党即社会民主党具有广泛而深厚的民意基础。另外，瑞典原有养老保险制度设计存在缺陷、瑞典社会遭受经济危机和人口老龄化冲击等因素亦构成推动瑞典养老保险体系改革的直接原因。在长期的执政过程中，瑞典社会民主党政府能审时度势不断地进行理论创新和政策调整，因此其改革能够获得民众的充分理解和支持。

总之从国际经验分析，政府在基本养老保险领域的财政责任是一个宽泛的概念，可以是小政府、大市场，也可以是大政府、小市场；政府在基本养老保险领域的财政责任也是一个动态的概念，在某个发展阶段可以是大政府、小市场，在另外的发展阶段则可以是小政府、大市场，不一而足。当前中国政府在基本养老保险领域的财政责任调整，应该充分吸收国际养老保险制度改革及其政府财政责任调整的经验与教训，但注意不唯经典马首是瞻，须结合中国自身国情，以建设中国特色的基本养老保险制度及其中的政府财政责任。

第 六 章

政策建议

在经济增长速度放缓和人口结构老龄化的双重压力下,政府财政责任改革已成为国际社会保障制度改革、社会保障责权关系调整的重点。我国是一个未富先老的发展中国家,国民经济发展与政府财政收入增长均已进入新常态,继续对基本养老保险基金维持以往的高增速补助支出是不可能的,且高增速补助支出并不能从根本上解决基本养老基金的收支不平衡问题。因此,政府财政责任亦是我国基本养老保险制度改革的核心内容,关系到制度的可持续发展。我们需要在借鉴国际社会养老保险政府财政责任改革经验的基础上,立足于我国特定的经济社会发展条件以及制度环境,通过构建多支柱养老保险体系、制度化政府财政补贴责任以及改革"央地"财政责任关系等制度的内外改革措施,优化我国基本养老保险制度中的政府财政责任,以实现促进基本养老保险基金自我平衡及改善政府财政可持续性之目标。政策建议如下:

第一节　加快建设多支柱养老金体系，树立"共同责任"理念

表6—1显示,随着时间推移,智利、美国、瑞典以及中国等

国家的老年赡养率不断攀升，世界人口年龄结构的老龄化已经形成不可逆之趋势，到21世纪中叶及以后多数国家的老年赡养率要开始突破50%。从GDP增长情况来看，各国GDP增长均有波动，但总体规律是经济增速趋缓（见表6—2）。在人口老龄化和经济增长趋缓的双重压力下，很多国家进行养老保障制度的结构性改革以构建多支柱养老金体系。国际社会现已形成"五支柱"和"三支柱"等不同的养老保障体系安排，这些由非缴费型养老金、缴费型养老金、个人储蓄和职业年金等一起构成的多支柱养老金体系，既能体现养老待遇的层次性，又使养老责任在政府、雇主和个人之间得到合理配置，政府的财政责任因此既可预期又可控。

表6—1　　　　　　　　国际社会老年赡养率情况　　　　　　　单位：%

年份 国别	1950	1975	2000	2015	2025	2050	2075
智利	8.6	11.3	13.1	17.0	23.6	43.0	61.2
美国	14.2	19.7	20.9	24.6	32.9	40.3	49.3
瑞典	16.8	26.3	29.5	33.8	38.2	45.5	57.6
OECD	13.9	19.3	22.5	27.9	35.2	53.2	58.6
EU28	14.7	21.2	24.3	29.9	37.5	55.9	59.7
中国	8.5	8.8	11.4	14.5	22.3	47.9	58.8

资料来源：OECD Pension Models, https://www.oecd-ilibrary.org/finance-and-investment/pensions/indicator-group/english_80d8284c-en。

说明：老年赡养率=65岁及以上老年人口数/20—64岁人口数×100%

表6—2　　　　　　　　各国GDP增长率情况　　　　　　　　单位：%

年份 国别	1993	1998	2009	2014	2015	2016	2017
智利	7.0	4.5	-1.55	1.75	2.29	1.19	1.64

续表

年份 国别	1993	1998	2009	2014	2015	2016	2017
美国	4.4	4.4	-2.78	2.57	2.86	1.49	2.27
瑞典	-2.1	4.1	-5.12	2.71	4.27	3.00	2.66
中国	13.9	7.8	9.40	7.31	6.92	6.70	6.90
世界	2.3	2.4	-0.57	3.46	3.26	3.06	3.65

资料来源：OECD Economic Outlook: Statistics and Projections (dutabase), https://www.oecd-ilibrary.org/economics/data/oecd-economic-outlook-statistic-and-projections_eo-data-en。

例如美国所构建的包括联邦退休金制度、401 K（职业年金）计划和 IRA（个人养老储蓄）计划在内的三支柱养老金体系，分别由政府、雇主和个人作为行为主体实施。联邦退休金制度的基本功能是确保绝大多数老年人的基本生活，更高的养老保障水平则必须依靠雇主和个人的进一步努力。这种体系背后的一个基本理念是：包括养老在内的社会保障不单单是政府责任，而是政府、雇主和个人的共同责任。迄今美国的养老金制度运行总体平稳，为老年人提供了多渠道且可靠的养老保障。

与美国等国家相比较，未来我国的人口老龄化将会更加严重。表 6—1 显示，前期我国人口年龄结构相对年轻，但 21 世纪以来我国人口老龄化速度发展很快，到 2050 年大约只有一个劳动者赡养一位老年人。我国的 GDP 增长全球遥遥领先，但目前经济与财政收入的增长已经进入新常态，未来保持中低速增长是必然趋势，继续对基本养老保险基金进行高速增长补贴已非可能。且从前文可知，虽然制度建立以来我国政府对基本养老保险基金的财政补贴绝对数额及相关占比不断上升，但基金的"收不抵支"问题依然越发严重。这说明，单一的基本养老保险制度以及为之承担兜底责任的政府财政已经开始不堪重负。

国际经验表明，当前基本养老保险以外的其他养老金计划已经在半数以上的OECD国家扮演了重要角色。2016年OECD基本养老金平均替代率[①]为41%，如果把私有养老金计划（职业年金和个人养老储蓄计划等）计算入内，则一个挣得社会平均或中等收入者的总养老金替代率可达到53%；美国一个挣得社会平均或中等收入者的基本养老金替代率和私有养老金替代率分别为38.3%和33.0%，智利的这两个数据各为5.8%和33.4%。[②] 与此相对的是，我国民众的养老保障目前几乎完全依赖单一的由政府提供的基本养老保险制度，制度本身和对其承担兜底补助的政府财政压力均非常大。因此，我们理应借鉴国际经验，发展养老保障方面的"共同责任"理念，建设多支柱养老保障体系，在多层次制度框架中改善政府在基本养老保险中的财政责任，这是大势所趋也是必然选择。

第二节　实行"名义账户"制[③]，化解政府转制成本风险

"名义账户"制由瑞典首创。1994年瑞典政府开始在基本养老保险制度中试运行"名义账户"制，1998年通过相关立法正式运行，后来该模式得到世界银行的积极推荐。支持者们认为，"名义账户"制具有以下几个突出优势：一是相对于现收现付制而言，"名义账户"制增强了基本养老金缴费与待遇之间的关联，有利于基金的管理效率；二是从政治角度分析，有

---

① 此处基本养老金替代率为挣得社会平均或中等收入者的基本养老金替代率。
② OECD, Pensions at a Glance 2017: OECD and G20 Indicators, OECD Publishing, Paris, 2017, https://doi.org/10.1787/pension_glance-2017-en.
③ 即非积累的个人账户制度，又称"名义缴费确定型"制度，个人未来的退休收入取决于个人账户的名义积累额，但当期缴费并不用于积累而是用于上一代退休人口的退休金支付。

利于调和各利益集团的矛盾，例如瑞典的"名义账户"制就是多党博弈的结果；三是"名义账户"制能避免向积累制转轨的巨额成本，对资本市场发育程度的要求不高，有利于基金长期财务的平衡。①

我国于 1995 年在基本养老保险制度中实施"统账结合"的财务模式，个人账户实行实际积累制，但之后由于社会统筹账户经常从个人账户中挪用资金以弥补统筹账户养老金的不足，使个人账户一直处于"空账"运行的状态，历年个人账户实际积累资金不超过总资金规模的 20%。2000 年国务院颁布《关于完善城镇社会保障体系的试点方案》，提出个人账户按 8% 做实，开始了做实个人账户的努力。但是，2011 年辽宁省"城职保"基金向其个人账户借支 76.8 亿元，这标志着历经十余年的做实个人账户的努力宣告失败。据统计，至 2015 年底"城职保"基金个人账户记账累计总额为 47144 亿元，而账户实存资金不到 1/10。按照目前"空账"的增长速度，个人账户"空账"数额与基金结余之间的鸿沟会越来越大，由此"统账结合"模式已经沦为事实上的现收现付制。2013 年党的十八届三中全会一改之前坚持的"做实个人账户"的做法，提出"完善个人账户制度"。从"做实"到"完善"两字之差，表明了党和政府对"个人账户"制度的反思以及对制度进行重新定位的考虑。

2013 年，Robert Holzmann② 在国际养老金学术界最高级别权威刊物《国际社保评论》上公开认错，指出当时世界银行推行基金积累制是认为它可以解决人口老龄化问题，同时假设基金的高回报率在未来能保持下去，但现在看来这个主张和假设是错误

---

① 胡秋明：《走向可持续的养老金制度——以国际经验的视角所做的分析与研究》，《中国社会保障》2011 年第 10 期。

② 世界著名的养老金经济学家，1997—2009 年担任世界银行社会保护与劳动部门负责人，这期间正是世界银行向发展中国家推行公共养老金私有化改革最为轰轰烈烈的阶段。

的。从20世纪80年代开始，世界上共有36个发展中国家实施了积累制改革，但目前已经有21个国家取消了基金积累制改革。尽管发达国家的人口老龄化程度远高于发展中国家，并有更完善的资本市场可以确保更高的资金回报率，但令人深思的是，事实上没有一个发达国家采用实际积累制改革。

由此可见，基于基金积累的个人账户制度实践基本失败。但个人账户制度走向何方，意见不一。约瑟夫·斯蒂格利茨曾指出，选择合适的社会保障体系对中国维持经济增长至关重要。本书认为，选择"名义账户"制，并按照一定比例和社会统筹账户结合成新型"统账模式"，① 比较符合当前中国国情。"名义账户"制不但与十几年前选择半积累制和后来明确"统账结合"模式的初衷相吻合，兼顾了"社会互济"与"自我保障"，而且可以解决我国养老保险改革中遇到的转制成本难题。② 基本养老保险制度转制成本数额巨大，需要几代人才能消化，个人账户制度转向"名义账户"制度有助于把转制成本消化到一个年龄跨度很宽的时间段里，从而能够化解巨额转制成本给政府带来的财政风险，减轻社会的焦虑。

第三节 改革政府财政兜底模式，促进财政补贴的制度化

根据相关数据统计，2017年我国政府对基本养老保险基金的财政补助支出占政府财政收入规模的比例在6%左右，③ 可知目前并没有超出其最优规模的范畴（国际社会一般认为该最优比例为

---

① 社会统筹账户提供最低退休金保障，高水平退休金则取决于名义个人账户累积总额。
② 郑秉文:《名义账户制：我国养老保障制度的一个理性选择》，《管理世界》2003年第8期。
③ 数据来源：《2017年度人力资源与社会保障事业发展统计公报》与国家统计局网站。

10%左右)。然而,随着人口老龄化的快速发展以及经济与财政增速的趋缓,财政养老兜底补助对政府财政可持续性的冲击已经在凸显。根据前文表2—5统计而得,1998—2007年间"城职保"基金当期收支总体有正结余3908亿元,但2008—2017年间基金总支出超过总征缴收入共计9777亿元。表6—3表明,"城职保"基金征缴收入和总支出占当年GDP的比重各年均有所增加,但后者的比重在2008—2017年期间上升的速度高于前者,导致了9777亿元的基金收支缺口,由此政府财政赤字被提高了0.18个百分点。国际社会对欧债危机的主导原因虽然仍存在争议,但公共养老福利支出对政府财政赤字的现期影响是显而易见的。随着我国基本养老保险制度"扩面"与征缴工作空间的萎缩以及人口老龄化的发展,社会的老龄化成本将不断上升,基金的收支失衡问题会持续加剧,承担兜底责任的政府财政的赤字问题将越发严重。

表6—3 我国"城职保"基金收支失衡对政府财政赤字的影响

单位:亿元、%

时间	"城职保"基金总支出	总支出占GDP比重	"城职保"基金征缴收入	征缴收入占GDP比重	"城职保"基金收支失衡对政府财政赤字的影响	
					时间段	年均影响
1998年	1512	1.77	1353	1.59		
2007年	5965	2.21	6494	2.40	1998—2007年	0.26
2017年	38052	4.60	33403	4.04	2008—2017年	-0.18

资料来源:历年《中国人力资源与社会保障事业发展统计公报》与《中国统计年鉴》。

说明:年均影响是指"城职保"基金收支赤字平均每年对政府财政赤字带来的影响,用百分点来表示。

国际上,政府对基本养老保险财政支持有两种,一种是基金有多大缺口就补多少的"兜底模式",以福利国家居多,如希腊、冰岛等,"兜底"式财政养老补助很可能把国家与政府拖入债务危机的深渊;一种是对基本养老保险基金支出实行固定配比制度,例如德国,2012年和2013年来自政府的财政补贴分别占到当年基本养老保险收入的23.6%和23.5%,固定配比制较有利于防范政府财政风险。本书认为,基于我国的经济发展水平、人口数量规模以及老龄化趋势,改革无限责任的财政兜底模式、建立有限责任的财政补助比例制是防范我国政府财政风险的理性选择。

2010年通过的《社会保险法》规定,基本养老保险基金由用人单位和个人缴费以及政府补贴等组成,"视同缴费"由政府承担,该法明确了政府财政对基本养老保险基金的兜底补助责任。前文分析表明,政府财政对基金的兜底补助金额年年攀升,基金对政府财政补助的依赖程度不断提高,因此必须充分考虑养老金补助对财政可持续的冲击。基本养老保险属于社会保险,社会保险首先应该追求基金的自我平衡。当前我国基本养老保险基金目前的收支缺口问题,主要原因是制度自身的不完善,因此为促进基金自我平衡、避免基金出现严重支付危机时对政府财政造成重大冲击,应该在改革基本养老保险基金使其按照自身规律理性发展的基础上,调整政府财政对基本养老保险基金的补助模式。具体而言,即确定政府财政对基本养老保险基金承担补贴的固定比例,并确定是实施缴费补贴("入口补")还是支出补贴("出口补")或者是两者兼具,且通过相应的法律法规使之制度化;建立政府财政对"城职保"补贴责任的调整机制,使之能随经济社会发展变化而得到适时调整,以此既能体现政府财政对基本养老保险基金的支持又能将政府财政控制在适度可控的范围。

第四节 改革"央地"财政责任关系，促进财政补助的均等化

基本养老保险金（公共养老金）计划的目的是为民众提供基本养老保障，因而其内含了均等化的要求。国际上，许多国家运用帮助贫困者缴纳基本养老保险费用、补足低收入者基本养老金以及向高收入者征收养老金税等方式，来促进基本养老金（公共养老金）的横向（群体间）均等化。这给我们解决我国基本养老保险待遇的群体间不均等问题，提供了丰富启示。除此之外，区域间基本养老保险待遇不均等问题，在我国也比较突出，需要予以关注和解决。

从全球视野来看，从20世纪80年代开始各国就开始了对养老保险制度的改革，但迄今为止改革仍然步履维艰没有到位，我国的养老保险制度改革亦不例外。各国养老保险制度改革的焦点均在于养老保障责任的分担，但不同的是，发达国家改革之难在于调和政府与企业与劳动者之间的矛盾，我国则主要是中央与地方之间的矛盾。我国中央与地方之间关于基本养老保险的事权与财责之间的关系一直没有明确划分，地方事责与财力不匹配问题突出。例如，社会统筹账户与个人账户是否应该分账管理，并分别由中央与地方负责其基金的收支平衡问题？还有，2004—2013年全国"城职保"基金收支总体有结余，但财政补助年年发生，地方基金有结余归地方，地方基金有缺口却要中央财政补助，这是否符合权责一致的原则？

事实上，我国中央政府与地方政府都对基本养老保险制度的运行承担了财政责任，但"央地"之间的财政责任并不明晰，主要表现在中央与地方政府对当期基金缺口分担比例是随机的，地

方政府的游说能力往往成为决定责任分担结构的重要因素。① 在这种情况下，将"央地"财政责任的划分固定比例化，有利于基本养老保险制度的健康平稳发展。此外，中央政府与地方政府之间的财政分权关系必然影响中央与地方养老保险财政责任的分配，因此调整"央地"在制度中的财政责任关系，必须在把握国家财政体制改革趋势的基础上，构建合理的、稳定的基本养老保险"央地"财政责任关系。

中央与各地方政府财政责任划分的具体比例是多少，应综合考虑地方财政能力与人口老龄化状况，不一而足。此外，由于均等化程度不足是我国基本养老保障制度面临的主要问题之一，因此划分"央地"财政责任比例还必须考虑到是否能促进制度对区域间和群体间基本养老保障资源享有的均等化。为此，应该在财政体制改革基础上，完善中央财政对地方财政尤其是老龄化严重的欠发达地区财政的转移支付制度，建立科学的转移支付规模确定机制和地方财政支出激励约束机制，调动中央与地方在促进基本养老保障均等化方面的积极性，平抑地方政府由于财力不均衡或支出偏好不同而导致的国民基本养老保障权益的差距。

---

① 郑功成：《中国社会保障改革与发展战略·养老保险卷》，人民出版社 2011 年版，第 329 页。

参考文献

一 中文文献

1. 阿里木江·阿不来提、李全胜：《新疆新型农村社会养老保险替代率的实证研究》，《西北人口》2010年第5期。

2. 毕红霞：《农村社会保障的财政支持研究》，博士学位论文，山东农业大学，2011年。

3. 曹清华：《老年社会救助制度的兜底保障问题研究》，《河南师范大学学报》（哲社版）2016年第3期。

4. 曹清华：《城镇职工基本养老保险政府财政责任的优化》，《河南大学学报》（哲社版）2018年第1期。

5. 陈博伦：《公共财政支持城乡居民基本养老保险制度研究》，博士学位论文，吉首大学，2017年。

6. 陈仰东：《保基本：从理念、方针到行动的变化》，《中国医疗保险》2011年第12期。

7. 楚廷勇、刘儒婷：《政府对养老金支付的责任研究》，《东北财经大学学报》2012年第3期。

8. 邓大松、丁怡：《城乡养老保险一体化视域下的财政支出结构研究》，《改革与改革》2014年第3期。

9. 邓大松、薛惠元：《新型农村社会养老保险替代率的测算与分析》，《山西财经大学报》2010年第4期。

10. 邓大松、薛惠元：《新农保基金筹集主体筹资能力分析——兼析个人、集体和政府的筹资能力》，《经济体制改革》2010年第1期。

11. 狄晶：《公共产品视角下的养老服务供给研究——以巴彦淖尔市为例》，硕士学位论文，内蒙古大学，2015年。

12. 丁建定、张登利：《新型农村社会养老保险国家财政责任的优化》，《江汉论坛》2014年第6期。

13. 樊帆：《中国基本养老保险制度中的国家财政责任分析》，硕士学位论文，中国人民大学，2006年。

14. 范祚军、侯晓：《公共财政视角下的我国基本公共服务均等化研究——以社会保障为例》，《东北财经大学学报》2011年第1期。

15. 冯曦明：《公平视角下的中国基本养老保险制度改革》，《中国行政管理》2010年第1期。

16. 宫晓霞、崔华泰、王洋：《财政支持南昌市医疗保险制度可持续发展：国外经验及其启示》，《经济社会体制比较》2015年第2期。

17. 国际劳工局：《全球养老保障——改革与发展》，杨燕绥等译，中国劳动社会保障出版社2002年版。

18. 郭婷：《城乡居民基本医疗保险中央财政补贴政策探讨——基于公平视角》，《财政监督》2016年第14期。

19. 郭一杰：《我国基本养老保险金支出中财政责任分析》，《2012—2013年度权亚劳动法奖学金获奖论文》。

20. ［美］哈维·S. 罗森：《财政学》，平新乔等译，中国人民大学出版社2000年版。

21. 韩淑芬：《我国基本养老保险基金监管制度研究》，硕士学位论文，山西财经大学，2007年。

22. 何美圆：《公共产品供给视域下我国民办养老机构的困境与路径选择》，硕士学位论文，电子科技大学，2012年。

23. 何文炯：《构建公平可持续的养老保障体系》，《浙江统计》2009年第2期。

24. 胡晓义：《国务院〈决定〉解读系列之二——保障水平要与我国社会生产力发展水平及各方面承受能力相适应》，《中国社会保险》1997年第7期。

25. 黄丽：《城乡居民基本养老保险保障水平评估与反思——基于养老金替代率视角》，《人口与经济》2015年第5期。

26. 黄晗：《城镇居民养老保险筹资标准的测算与分析》，《江西财经大学学报》2012年第4期。

27. 黄晗：《机关事业单位养老保险改革的转制成本研究》，《江西财经大学学报》2014年第6期。

28. 贾洪波：《基本养老金替代率优化分析》，《中国人口科学》2005年第1期。

29. 蒋云赟：《养老保险改革对财政体系的影响：以机关和事业单位为例》，《改革》2008年第4期。

30. 李东平、孙博、杨婷、姚远、邱薇：《美国第一支柱养老金——联邦公共养老金（OASDI）计划管理运作及借鉴》，2018年4月15日（http://www.bisf.cn/zbscyjw/yjbg/201403/8becb911-b86e4770bbe48-338e76469b0.shtml）。

31. 李伟：《新型农村社会养老保险财政补贴存在的问题及对策探讨》，《农村经济》2011年第9期。

32. 李珍：《社会保障制度与经济发展》，武汉大学出版社1998年版。

33. 李珍：《基本养老保险制度的分析与评估——基于养老金水平的视角》，人民出版社2015年版。

34. 李珍:《论建立基本养老保险个人账户基金市场化运营管理制度》,《软科学》2007年第5期。

35. 李珍、王海东:《基本养老金替代率下降机理与政策意义》,《人口与经济》2010年第6期。

36. 李伟、赵斌、宋翔:《新型农村社会养老保险的替代率水平浅析》,《中国经贸导刊》2010年第16期。

37. 梁智毅:《基于社会公平的广州市基本养老保险均等化研究》,硕士学位论文,华南理工大学,2016年。

38. 梁平、胡以涛、付小鹏:《新型农村社会养老保险替代率测算方法与预测研究——基于政策的仿真推进视角》,《安徽农业科学》2010年第6期。

39. 林治芬:《不同口径表达政府责任不同——政府社会保障财政责任统计国际比较》,《中国社会保障》2012年第3期。

40. 林治芬:《中央和地方养老保险事责划分与财力匹配研究》,《当代财经》2015年第10期。

41. 林芬:《城乡居民基本养老保险财政补贴机制探究》,《劳动保障世界》2018年第15期。

42. 刘昌平、谢婷:《基金积累制应用于新型农村社会养老保险制度的可行性研究》,《财经理论与实践》2009年第6期。

43. 刘海宁:《契合收益公平期望的城乡居民基本养老保险财政补贴研究——以辽宁省沈阳市方案为例》,《辽宁大学学报》(哲社版)2018年第1期。

44. 刘海英:《城乡居民基本医疗保险的财政激励机制研究——基于效率和公平双重价值目标的考量》,《兰州学刊》2016年第2期。

45. 刘海英、梅琳:《公共财政视角下农村社会养老保险制度变迁研究》,《社会保障研究》2015年第6期。

46. 刘金苹：《中央政府在新型农村社会养老保险制度中的财政责任分析》，硕士学位论文，吉林大学，2010年。

47. 刘兰堃：《机关事业单位工作人员养老保险制度并轨改革研究》，硕士学位论文，陕西师范大学，2016年。

48. 刘莉：《国际养老金制度改革的收敛趋势研究——基于发达国家的历史考察》，《浙江社会科学》2014年第10期。

49. 刘志国、姜浩：《社会保障财政责任的界定》，《北方经贸》2006年第2期。

50. 刘志昌：《基本养老保险均等化的群体比较》，《理论月刊》2014年第10期。

51. 刘蕾：《基本养老保障替代率水平研究——基于上海的实证分析》，上海人民出版社2007年版。

52. 卢驰文：《机关事业单位养老保险制度转轨的财政压力分析》，《理论探索》2008年第1期。

53. ［澳］罗伯特·霍尔茨曼、理查德·欣茨：《21世纪的老年收入保障——养老金制度改革国际比较》，郑秉文、黄念译，中国劳动社会保障出版社2006年版。

54. ［澳］罗伯特·霍尔茨曼、约瑟夫·E.斯蒂格利茨：《21世纪可持续发展的养老金制度》，胡劲松等译，中国劳动社会保障出版社2004年版。

55. 吕立邦：《公共经济学视角下的养老保障问题研究》，《四川行政学院学报》2018年第2期。

56. 马海涛、姜爱华：《政府公共服务提供与财政责任》，《财政研究》2010年第7期。

57. 马红鸽：《瑞典养老保险制度政府财政责任的特点及其启示》，《重庆理工大学学报》（社科版）2016年第9期。

58. 马双、孟宪芮、甘犁：《养老保险企业缴费对员工工资、就业的影响分析》,《经济学》(季刊) 2014 年第 3 期。

59. 马雁军、孙亚忠:《农村社会基本养老保障的公共产品属性与政府责任》,《经济经纬》2007 年第 6 期。

60. 毛景:《养老保险补贴的央地财政责任划分》,《当代经济管理》2017 年第 3 期。

61. 米红、项洁雯:《农村居民养老金替代率需求影响因素研究》,《中国社会保障》2014 年第 12 期。

62. [英]尼古拉斯·巴尔:《福利国家经济学》,郑秉文译,中国劳动社会保障出版社 2003 年版。

63. 彭浩然、申曙光、宋世斌:《中国养老保险隐性债务问题研究——基于封闭与开放系统的测算》,《统计研究》2009 年第 3 期。

64. 仇晓洁、李聪、温振华:《中国农村社会保障支出均等化水平实证研究——基于公共财政视角》,《江西财经大学学报》2013 年第 3 期。

65. 仇晓洁、温振华:《中国农村社会保障财政支出效率分析》,《经济问题》2012 年第 3 期。

66. 申曙光:《论社会保险的公共品性与政府管理》,《学术研究》2001 年第 6 期。

67. 世界银行:《防止老龄危机》,中国财政经济出版社 1996 年版。

68. 宋世斌:《中国老龄化的世纪之困》,经济管理出版社 2010 年版。

69. 苏宗敏:《我国基本养老保险分配差异的量化分析》,《经济师》2016 年第 3 期。

70. 孙光德、董克用:《社会保障概论》,中国人民大学出版社 2016 年版。

71. 孙树菡、闫蕊：《2008年金融危机下智利养老金三支柱改革——政府责任的回归》，《兰州学刊》2010年第1期。

72. 唐天伟、韩玲、曹清华：《我国城乡基本公共服务均等化标准研究》，《人民日报》（内参）2014年4月11日。

73. 谭中和：《坚守保基本、立足可持续——浅谈我国社会平均工资替代率如何实现其合理性》，《天津社会保险》2015年第2期。

74. 田雪原：《体制创新：中国养老保险改革的必由之路》，《人口与经济》2014年第2期。

75. 汪东旭：《中央政府在新型农村社会养老保险中财政责任研究》，硕士学位论文，辽宁大学，2012年。

76. 王刚、张孟文：《我国城乡社会养老保险均等化改革中的财政转移支付问题》，《福州大学学报》（哲社版）2012年第3期。

77. 王乔、周渭兵：《通货膨胀、通货紧缩对基本养老个人账户基金的影响与对策》，《财贸经济》2007年第1期。

78. 王乔、黄思明：《构建科学财税体制，建立现代财政制度》，《企业经济》2014年第8期。

79. 王乔、汪柱旺：《政府非税收入对经济增长影响的实证分析》，《当代财经》2009年第12期。

80. 王利军：《中国养老金缺口财政支付对经济增长的影响分析》，《辽宁大学学报》（哲社版）2008年第1期。

81. 王利军、穆怀中：《中国养老保险财政支出最优规模测算》，《石家庄经济学院学报》2005年第6期。

82. 王新奇：《中国社会基本养老保险管理问题研究》，硕士学位论文，郑州大学，2006年。

83. 王成利、王洪娜：《医养融合养老：供给途径、实践困境与政府责任——基于公共产品理论的视角》,《东岳论丛》2017年第10期。

84. 汪德华:《中美财政可持续性比较分析》,《China Economist》2017年第4期。

85. 魏南枝、何建宇:《制度碎片化与财政困境——法国养老保险制度改革及其对中国的启示》,《国家行政学院学报》2015年第2期。

86. 吴开明:《我国基本养老保险的公平原则和衡量指标体系》,《中国行政管理》2014年第4期。

87. 吴国玖:《基于公共财政视角的社会养老保险收支模式研究》,博士学位论文,中国矿业大学,2009年。

88. 武萍:《社会保险养老基金运行风险管理存在的问题及对策》,《中国行政管理》2012年第3期。

89. 武琼:《从英国养老金制度演进看政府责任变迁》,《中国财政》2011年第1期。

90. 肖玉盛、聂志平:《适应农村空巢老人养老需求的农村公共产品探析》,《农村经济与科技》2015年第8期。

91. 解静:《机关事业单位养老保险改革转制成本的影响因素分析》,《中国经贸》2016年第5期。

92. 许彩虹、杨金霞、王章泽:《基于公共产品理论的医养结合养老模式的问题与对策研究》,《卫生经济研究》2015年第11期。

93. 徐强、张开云:《中国基本养老保险制度的财政支出问题研究》,《社会保障研究》2015年第2期。

94. 徐秀文:《"保基本"视角下的河南省农村养老保险水平研究》,硕士学位论文,辽宁大学,2015年。

95. 许志涛:《不同所有制企业职工基本养老保险收入再分配

效应》,《财经论丛》2014 年第 4 期。

96. 薛惠元:《新型农村社会养老保险财政保障能力可持续性评估——基于政策仿真学的视角》,《中国软科学》2012 年第 5 期。

97. 薛惠元:《我国新型农民养老保险财政保障能力可持续评估——基于支出仿真学的视角》,《软科学》2012 年第 5 期。

98. 姚艮华:《我国社会养老保险均等化研究》,硕士学位论文,浙江财经学院,2012 年。

99. 杨斌:《城乡居民养老保险政府财政责任和负担的地区差异》,《西部论坛》2016 年第 1 期。

100. 杨斌、丁建定:《中国养老保险制度政府财政责任——差异及改革》,《中央财经大学学报》2015 年第 2 期。

101. 杨斌、丁建定:《"五维"框架下中国养老保险制度政府财政责任机制改革的环境分析》,《社会保障研究》2015 年第 1 期。

102. 杨斌、丁建定:《经济增长视角下城乡居民基本养老保险地方财政责任评估》,《江西财经大学学报》2016 年第 3 期。

103. 杨斌、何俊民、陈婕:《美国养老保险制度政府财政责任：特征、成因及启示》,《郑州大学学报》(哲社版) 2015 年第 9 期。

104. 杨斌、谢勇才:《从非制度化到制度化：基本养老保险制度财政责任改革的思考》,《西安财经学院学报》2015 年第 3 期。

105. 杨术:《公共财政框架下社会保障体系的构建》,《党政干部学刊》2007 年第 4 期。

106. 杨翠迎、孙珏妍:《推行新农保，瞻前顾后很重要》,《中国社会保障》2010 年第 7 期。

107. 杨翠迎、郭光芝、冯广刚：《新型农民社会养老保险的财政责任及其可持续性研究——基于养老金支出的视角》，《社会保障研究》2013年第1期。

108. 杨燕绥、耿晓丹：《企业年金试行办法的战略意义》，《中国社会保障》2004年第8期。

109. 杨燕绥、阎中兴：《政府与社会保障——关于政府社会保障责任的思考》，中国劳动社会保障出版社2007年版。

110. 伊尹：《机关事业单位养老保险改革的转制成本研究》，《人力资源管理》2016年第5期。

111. 杨婉：《瑞典社会保障支出公平性研究》，《现代商贸工业》2017年第2期。

112. 余隆武：《美国OASDI研究》，硕士学位论文，武汉科技大学，2006年。

113. ［美］约翰·罗尔斯：《正义论》，何怀宏等译，中国社会科学出版社2001年版。

114. ［美］詹姆斯·托宾：《通向繁荣的政策——凯恩斯主义论文集》，何宝玉译，经济科学出版社1997年版。

115. 张华初、吴钟健：《新型农村社会养老保险财政投入分析》，《经济评论》2013年第2期。

116. 张静：《基本养老保险地区差异及影响因素研究》，硕士学位论文，华南师范大学，2012年。

117. 张士斌、黎源：《欧洲债务危机与中国社会养老保险制度改革》，《浙江社会科学》2011年第11期。

118. 郑秉文：《名义账户制：我国养老保障制度的一个理性选择》，《管理世界》2003年第8期。

119. 郑春荣：《中国新农村社会养老保险制度探析——基于中国两大养老保险制度的比较》，《社会科学家》2012年第4期。

120. 郑功成:《中国社会保障 30 年》,人民出版社 2008 年版。

121. 郑功成:《中国社会保障改革与发展战略——理念、目标与行动方案》,人民出版社 2008 年版。

122. 郑军、海川:《智利养老保险制度早期发展脉络的政治经济学分析》,《拉丁美洲研究》2010 年第 6 期。

123. 郑伟:《中国养老金发展报告 2017》发布会发言,2018 年 2 月 22 日(http://ex.cssn.cn/zx/bwyc/201801/t20180104_3803809.shtml)。

124.《德国的基本养老保险制度概况》,2018 年 3 月 5 日,中华人民共和国财政部网站(http://zys.mof.gov.cn/pdlb/tszs/201601/t20160122_1655079.htm)。

125.《智利的基本养老保险制度概况》,2018 年 4 月 10 日,中华人民共和国财政部网站(http://zys.mof.gov.cn/pdlb/tszs/201601/t20160122_1655120.htm)。

126. 朱元保:《社会保障政府财政责任研究》,硕士学位论文,江西财经大学,2013 年。

127. 周凤珍:《不同群体社会养老保险财政待遇差距的测算与分析》,《经济体制改革》2016 年第 1 期。

二 英文文献

1. Aaron George Grec, Assessing the Sustainability of Pension Reforms in Europe, http://socialwelfare.bl.uk/subject-areas/services-activity/poverty-benefits/case/assessing10.aspx, 2010.

2. Aaron, Herry J., "The Social Insurance Paradox", *Canadian Journal of Economics*, Vol. 32, Augest 1996.

3. Agar Brugiavini, Franco Peracchi, Fiscal implications of Pen-

sion Reforms in Italy, CEIS Tor Vergata RESEARCH P APER S ERIES Working Paper, No. 67, January 2005, http://papers.ssrn.com/abstract = 695225

4. A. Zaidi, Population Aging and Financial and Social Sustainability Challenges of Pension Systems in Europe: A cross – national perspective, http://www.euro.centre.org/data/1314615416 _ 96050.pdf.

5. Barr, Nicholas, Reforming Pensions: Myths, Truths, and Policy Choices, IMF/WP/00/139, 2000.

6. Barr, Nicholas, *The Economics of The Welfare State*, CA: Stanford University Press, 1993.

7. Colm, G. "The Theory of Public Finance: A Study in Public Economy, by Richard a. musgrave". *Journal of Political Economy*, *No. 99* (Volume 68, Number 2), 1960.

8. Congressional Budget Office (CBO), CBO's 2016 Long – Term Projections for Social Security: Additional Information, 2016 – 12 – 21, https://www.cbo.gov/publication/52298.

9. Feldstein M., *Privatizing Social Security*, University of Chicago Press, 1998.

10. Holzmann, R., Palmer, E., *Pension Reform: Issues and Prospects for Non – Financial Defined Contribution (NDC) Schemes*, Washington D. C: Word Bank, 2006.

11. Holzmann, R., Hinz, R. Old Age Income Support in the 21st century: An International Perspective on Pension Systems and Reform. Washington, DC: World Bank. © World Bank, 2005, https://openknowledge.worldbank.org/handle/10986/7336 License: CC BY 3.0 IGO.

12. Holzmann, R., Hinz, R., Old Age Income Support in the 21st century: An International Perspective on Pension Systems and Reform. Washington, DC: World Bank, 2005, © World Bank. https://openknowledge.worldbank.org/handle/10986/7336 License: CC BY 3.0 IGO.

13. Holzmann, R., "Global Pension Systems and Their Reform: Worldwide Drivers, Trends, and Challenges", *International Social Security Review*, Vol.66, No.2, 2013.

14. Musgrave, Richard A., The Theory of Public Finance: A Study in Public Economy, 1959.

15. Mancur Olson, J., "The Principle of 'Fiscal Equivalence': The Division of Responsibilities Among Different Levels of Government", *American Economic Review*, Vol.59, No.2, 1969.

16. Orsg, Peter R., Stiglitz, Joseph E., Rethinking Pension Reform: Ten Myths about Social Security System, 1999, www.worldbank.org/pensions.

17. Feldstein M., *Privatizing Social Security*, University of Chicago Press, 1998.

18. Philippe D. Karam, Dirk Muir, Joana Pereira, Anita Tuladhar, Macroeconomic Effects of Public Pension Reforms, www.imf.org.

19. World Bank, *Averting the Old – Age Crisis: Policies to Protect the Old and Promote Growth*, New York: Oxford University Press, 1994.

20. OECD, Pensions at a Glance 2017: OECD and G20 Indicators, OECD Publishing, Paris, 2017, https://doi.org/10.1787/pension_glance-2017-en.

21. OECD, Pensions at a Glance 2011: Retirement – income Systems in OECD and G20 Countries, OECD Publishing, Paris, 2011, https://doi.org/10.1787/pension_glance – 2011 – en.

后　　记

本书是我对基本养老保险制度政府财政责任问题相关思考的一个总结,是在本人主持的中国博士后科学基金资助项目"中国基本养老保险财政责任的分析与评估"(项目编号:2015M571980)的最终成果基础上,修改、补充、完善而形成的。

本书的写作源于本人长期的公共管理与社会保障教学以及研究实践。课堂上的诸多"为什么"以及研究过程中对我国基本养老保险制度可持续发展的担忧激发了我对基本养老保险财政责任问题研究的浓厚兴趣。在写作过程中,我体会到了"教学互动""教研相长"的道理,有幸获得中国博士后科学基金的资助坚定了我开展本书研究的信心和决心。

感谢我的博士后合作导师、江西财经大学的王乔教授,他的研究成果是我开展博士后工作的第一批参考资料,而在与他研讨过程中碰撞出的思想火花,是我把研究工作继续向前推进的新起点。感谢中国社会科学出版社审稿专家给予的宝贵修改建议。感谢中国人民大学的李珍教授,南昌大学的彭迪云教授,江西财经大学的蒋金法教授、匡小平教授、李春根教授、张仲芳教授、荣萍教授、席卫群教授、汪柱旺教授、肖建华教授以及南京财经大学的陶纪坤教授对本书研究所给予的帮助。感谢中国博士后科学基金对本书所给予的肯定和资助。中国社会科学出版社的喻苗女士为本书的出版做了大量工作，在此一并表示我的衷心感谢。

曹清华

2018 年 8 月